30分で

忙しくても

一汁三菜

ごはん

mariko

⓲ 池田書店

 時間がなくても

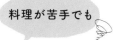 料理が苦手でも

一汁三菜は作れます！

みなさんは料理が好きですか？
実は私はつい数年前まで料理が大の苦手でした。
20代半ばまで実家暮らしだったので、
料理は親に任せっきりの状態で過ごしていました。

しかし、「このままだと生活能力0で色々とまずいのでは……」と
急に心配になり、2013年ごろから一念発起して
週に1回は自炊をすると決めて料理を作り始めました。
当初はレシピサイトを見ながら見様見真似で料理を作ってみたものの、
料理スキルも盛りつけのセンスもなく、
「これは残飯ですか……？」というくらいひどい状態のものが
出来上がることもありましたが、あきらめずに作り続けていました。

2015年には結婚をし、仕事を続けながら料理もひんぱんに作るようになり、
せっかく作ったのでインスタグラムへの投稿も始めてみました。
頑張って作った料理に〝いいね！〟やコメントをもらえることがうれしく、
自炊のモチベーションも上がり、料理が楽しみのひとつとなりました。
今では多くの方に料理の投稿を見ていただけるようになり、
自分でもびっくりしていますし、見てくださるみなさんに感謝しています。

本書では、料理が苦手だった私でも作れた一汁三菜のレシピを紹介しています。
「仕事が忙しい」「献立は大変そう」という人にも作りやすいレシピばかりです。
この本を通して、もっと料理を好きになってもらえればうれしく思います。

mariko

料理初心者から一汁三菜の食卓へ

カレーやチャーハンもまともに作れなかった私が、
毎日一汁三菜を作れるようになるまでの上達への道のりを紹介します。

料理を始めたころ

見た目も
盛りつけも
こんな感じ…

before

before

before

何となく
献立風に…

一汁三菜の食卓へ

こんなに
上達しました！

after

after

after

私でもできた！

料理上達への4ヵ条

1 難しい料理は作らない

家庭料理でも「調理工程の多いポテトサラダやコロッケは作らない！」というように、難しそうだと感じる料理は作らないと決め、最初は肉を焼いてタレを絡めれば作れる料理など簡単なメニューからスタート。少しずつレパートリーが増えていきました。

2 とにかくたくさんの料理を作る

「実践あるのみ」をモットーにしてとにかくたくさんの料理にチャレンジしました。失敗もたくさんありましたが、作っているうちに料理への抵抗感がなくなり、自分好みの味つけや調理方法がわかるようになったことで、失敗が少なくなっていきました。

3 料理専用のSNSを始める

モチベーションを上げるためにツイッターやインスタグラムに料理写真を投稿するように。多くの人に見てもらえることで盛りつけも上達していきました。最初は匿名のアカウントで始めれば気軽に投稿できますよ。

おいしく見える料理写真の撮り方はこちらで紹介しています！

4 無理をしない！

料理を嫌いにならないことがとにかく大切です。やる気が起きないときは自炊しないのもひとつの方法です。気力があるときに料理を作って少しずつでも料理を好きになっていきましょう。

CONTENTS

30分で一汁三菜！
1週間献立

PART 2

大満足のボリューム！
主菜レシピ

PART 3

とにかくパパッと作る！
副菜レシピ

PART 4

時短で作れるボリュームごはん！

ごはんとパスタ
のレシピ

料理の悩みを解消できる

悩み 1

そもそも料理が
苦手です……

料理が苦手だった私でも作れるように
なったものばかりを集めています。作
れそうなレシピから始めて、少しずつレ
パートリーを増やしてみてください。

悩み 2

忙しくて料理が
作れない……

一汁三菜の献立を作っても、30分で
完成できるレシピばかりです。時間が
なくても作れるレシピですので、安心し
て作ってみてください。

悩み 3

いつも栄養の
バランスが悪い……

食材の栄養素を知らなくても、一汁三
菜の献立ならさまざまな食材を食べら
れるので、自然とバランスのよい食事
ができるようになります。

一汁三菜の献立レシピ！

悩み 4

食材が無駄に
なることが多い……

ついつい食材が余りがちな人も、その日に余った食材を翌日の副菜や汁物の具材にもできる献立なら、無駄なく使えるようになります。

悩み 5

おかずの組み合わせ方
がわからない……

「組み合わせ方がわからないので献立は苦手」という人でも、PART2の主菜レシピではオススメの副菜も紹介しています！

悩み 6

いつも料理が
おいしそうに見えない……

同じ料理でも盛りつけ方や器の選び方を少し工夫するだけでおいしそうになります。P92にコツを紹介しているので、チェックしてみてください。

こんな献立が 30分ですぐに作れる！

冷奴は
忙しい日の
救世主おかず！

Monday

Tuesday

週の始めは
パパッと作れる
主菜で♪

Friday

週末は余った
食材を上手に
いかして◎

魚もフライパン
調理なら
時短で作れる！

saturday

1週間の献立がすべて30分以内で作れます。

一汁三菜の献立ならお腹も満たせて栄養バランスもばっちりです!

週の中日の
献立は栄養も
意識して♡

Wednesday

Thursday

食材を
買い足した日は
ちょっと豪華に!

休みの日は
少し手間をかけた
献立に☆

Sunday

本書の使い方

本書のレシピの見方やレシピ表記の注意点について紹介します。

PART1の
1週間献立の
該当曜日

紹介料理を
作るための
調理時間

紹介料理を
作るときの
ポイント

PART1の
1週間献立の
献立を調理する
順序を決める
スケジュール表

[アイコンの説明]

お弁当に
オススメの料理

おつまみに
オススメの料理

PART2の
主菜レシピの
該当食材

紹介料理を
作るための
調理時間

紹介料理を
おいしく作る
ためのコツ

紹介料理に合う
オススメの
副菜

【レシピ表記について】

＊計量単位は大さじ1＝15ml、小さじ1＝5mlです。

＊調味料はしょうゆは濃口しょうゆ、塩は食塩、砂糖は上白糖、調味酢はミツカンカンタン酢、
　中華風だしの素は創味シャンタン（ペーストタイプ）、タコソースはオールドエルパソのタコソースを使用しています。

＊電子レンジの加熱時間は600Wのものを基準にしています。500Wの場合は1.2倍にしてください。
　機種やメーカーによって違いがありますので、様子を見ながら加減してください。

＊主菜のつけ合わせの野菜については、お好みの野菜を使用してください。

＊火加減については特に注釈のない場合は、すべて中火です。

PART 1

30分で一汁三菜！

1週間献立

weekly menu

1週間分の献立スケジュールから
30分で作れる手順がわかる
調理スケジュールも紹介していますので、
ぜひチャレンジしてみてください。

30分で一汁三菜を作る方法

30分で一汁三菜を作るために必要な事前準備や調理手順を紹介します。
この方法を覚えておけば、効率よく一汁三菜が作れるようになります。

副菜❶

汁物

主菜

副菜❷

事前準備

作りやすそうな
レシピを選ぶ

自宅に余っている食材の有無や
作りやすそうなレシピを選んで、
作る料理を決めておきましょう。

調理道具と
調味料を用意

取り出す時間のロスを防ぐために、
使用する調理道具と調味料を用
意してから作り始めましょう。

調理手順

30分で一汁三菜を作るためには
調理スケジュールがとても重要です。

《例》

主菜の鶏肉を
切って酒をふ
り、5分おく。

主菜を焼いて
仕上げる。

汁物を温めて
いる間に副菜
❷を作る。

調理スケジュール

	下ごしらえ	焼く	仕上げる

	0	5	10	15	20	25	30 min.
主菜							
副菜 ❶							
副菜 ❷							
汁物							

主菜に酒をふり、
5分おいている間
に副菜❶を作る。

汁物を作る。

Point

主菜の下ごしらえや汁物を温めている間に副菜を作るなど、

待ち時間を作らずに効率よく時間を使うのが、

30分で献立を作るポイントです。

切るだけで作れる簡単な副菜2品で
時短の献立に。

調理 スケジュール ⏰		下ごしらえ			焼く	仕上げる		
		0	5	10	15	20	25	30 min.
	主 菜							
	副 菜 ❶							
	副 菜 ❷							
	汁 物							

主菜

鶏むね肉のガーリック
ケャップチキン

調理時間 **20** min.

材料（2人分）

鶏むね肉 … 1枚
酒 … 大さじ1
塩・こしょう … 各少々
片栗粉 … 適量
サラダ油 … 大さじ1
【タレ】
　砂糖 … 小さじ1
　トマトケチャップ・しょうゆ
　　… 各大さじ1弱
　にんにく（チューブ）… 3cm分

Point
お好みの野菜と一緒に盛りつけましょう。

作り方

1 鶏肉は薄く切って酒をふり、5分ほどおく。

2 1に塩、こしょうをふって片栗粉をまぶし、サラダ油を入れたフライパンで両面を焼く。

3 ボウルにタレの材料をすべて入れて混ぜ、2に加えて焼き絡める。

副菜①

冷奴

調理時間 **5** min.

材料（2人分）

絹ごし豆腐 … 200g
かつお節・小ねぎ（小口切り）
　… 各少々
しょうゆ … 適量

Point
小ねぎは小口切りのものを買っておくと使い回せて便利です。

作り方

1 豆腐は水切り（しっかり水切りしたい場合はキッチンペーパーで包み、電子レンジで2～3分加熱）する。

2 半分に切って器に盛り、かつお節と小ねぎをのせ、しょうゆをかける。

副菜②

ズッキーニと
トマトのサラダ

調理時間 **5** min.

材料（2人分）

トマト … 1/2個
ズッキーニ … 1/2本
お好みのドレッシング
　… 適量

point
主菜がしっかり味なので、あっさり味のドレッシングがオススメです。

作り方

1 トマトはくし形切りにする。ズッキーニはスライサーで縦に薄く切る。

2 器に盛り、お好みのドレッシングをかける。

汁物

オクラとワカメの
中華スープ

調理時間 **10** min.

材料（2～3人分）

水 … 400ml
中華風だしの素 … 大さじ1
ワカメ（乾燥）… ひとつかみ
オクラ … 9本
白炒りごま … 適量

作り方

1 鍋に水と中華風だしの素を入れて火にかける。

2 沸騰したらワカメと小口切りにしたオクラを加えてさらに火にかけ、器に盛り、白炒りごまをふる。

簡単に作れる主菜のときは、
ひと手間必要な副菜を作っても時短に。

調理 スケジュール		0	5	10	15	20	25	30 min.
	主 菜							
	副菜 ❶						炒める	
	副菜 ❷							
	汁 物		下ごしらえ					

主菜
豚肉の
しょうが焼き

調理時間 10 min.

材料（2人分）
豚ロース薄切り肉	【タレ】
… 7〜8枚	しょうゆ・砂糖・酒
塩 … 少々	… 各大さじ1
小麦粉 … 適量	しょうが（チューブ）
サラダ油 … 適量	… 5〜6cm分
	白炒りごま … 適量

作り方
1 豚肉は塩をふり、全体に薄く小麦粉をまぶす。
※小麦粉をまぶすと肉が香ばしく、タレが絡みやすくなる！

2 フライパンにサラダ油を薄く広げ、1を入れて焼き目がつくまで両面を焼く。

3 混ぜ合わせたタレの材料を加えてサッと焼き絡めて器に盛り、白炒りごまをふる。

Point 煮詰めすぎるとしょっぱくなるのでサッと絡めるだけでOKです。

副菜❶
きゅうりとキムチの
塩こんぶ和え

調理時間 10 min.

材料（2人分）
きゅうり … 1〜2本
塩 … 少々
A | キムチ・白炒りごま　お好みの量
　　| ごま油　大さじ1
　　| 塩こんぶ　ひとつかみ

作り方
1 きゅうりはめん棒で叩き、手で割ってボウルに入れる。塩をもみ込み、5分ほどおいて余分な水分を出す。

2 1の水気を取り、しっかり絞る。

3 **A**を加えて和える。

副菜❷
トマトと卵の
オイマヨ炒め

調理時間 10 min.

材料（2人分）
トマト … 1個
卵 … 2個
マヨネーズ … 小さじ1
オイスターソース・ごま油
　　各大さじ1/2
小ねぎ（小口切り）… 適量

作り方
1 トマトは食べやすい大きさのくし形切りにする。

2 ボウルに卵を割り入れ、マヨネーズ、オイスターソースを加えて溶く。

3 フライパンにごま油を入れ、1を炒めて端に寄せ、2を加えて半熟状のスクランブルエッグになったら全体を混ぜて器に盛り、小ねぎを散らす。
※トマトは炒めるとうま味成分がUPします！

point 卵が焦げないように手際よくサッと混ぜましょう。

汁物
ニラ玉みそ汁

調理時間 10 min.

材料（2人分）
水 … 400ml
和風だしの素（顆粒）… 小さじ2
ニラ … 1/2束
卵 … 1個
みそ … 大さじ1と1/2

作り方
1 鍋に水、和風だしの素を入れて火にかける。ニラはキッチンバサミで3cm長さに切る。

2 沸騰したらニラを加えて溶いた卵を流し込み、卵が固まったらみそを溶かす。

トマトやきゅうりは1回の食事で使い切らず
使い回すのがポイントです。

調理スケジュール		下ごしらえ		食材を切る				仕上げる	
		0	5	10	15	20	25	30 min.	
主菜									
副菜 ❶									
副菜 ❷									
汁物									

主菜

バンバンジー

調理時間 15 min.

材料（2人分）

鶏ささみ肉 … 4本

酒 … 大さじ1

きゅうり … 1〜2本

トマト … 1〜2個

A 白炒りごま … 大さじ2
コチュジャン・ごま油・砂糖・しょうゆ
… 各大さじ1

作り方

1 ささみの筋はフォークで押さえながら引き抜き、耐熱容器に入れて酒をふり、ラップをして電子レンジで2分半加熱する。冷めたら手でほぐす。

2 きゅうりは斜めに切ってから細切りにし、トマトは薄切りにする。

3 トマト、きゅうり、ささみの順に器に盛り、混ぜ合わせた**A**をかける。

副菜❶

オクラと ミニトマトの酢の物

調理時間 5 min.

材料（2人分）

ミニトマト … 5個

オクラ … 9本

調味酢 … 大さじ2

塩 … 適量

作り方

1 ミニトマトは食べやすい大きさに切る。オクラは塩で板ずりして産毛を取り、薄めの小口切りにする。

2 1をボウルに入れて調味酢と和え、冷蔵庫で少し冷やして味をなじませる。

Point
副菜の❶と❷は切って冷やすだけで作れます。

副菜❷

きゅうりの浅漬け

調理時間 5 min.

※漬け込み時間は含まず

材料（2人分）

きゅうり … 1本

浅漬けの素 … 大さじ2

作り方

1 きゅうりは食べやすい大きさに切り、ジッパーつき保存袋に入れる。

2 1に浅漬けの素を入れてもみ込み、冷蔵庫で少し冷やして味をなじませる。

汁物

キムチと卵の 中華スープ

調理時間 10 min.

材料（2〜3人分）

水 … 400ml

中華風だしの素 … 大さじ1弱

キムチ … お好みの量

卵 … 1個

小ねぎ（小口切り） … 適量

Point
キムチを加えてボリュームとコクをプラス。

作り方

1 鍋に水と中華風だしの素を入れて火にかける。

2 沸騰したらキムチを加え、鍋がグツグツしてきたら火を止め、溶き卵を回し入れる。

3 器に盛り、小ねぎを散らす。

4日目
Thursday
【木曜日】

食材の購入目安は3日分がオススメ
4日目の献立は新しい食材で豪華にスタート。

調理
スケジュール

	0	下ごしらえ	5	10	15	焼く	20	25	30 min.
主菜									
副菜❶									
副菜❷									
汁物									

主菜

にんじんと いんげんの豚肉巻き

調理時間 **25** min.

材料（2人分）

にんじん … 1/3本	サラダ油 … 適量
いんげん … 5〜6本	**A** しょうゆ・
豚ロース薄切り肉	砂糖・酒・
… 5〜6枚	みりん
塩・こしょう … 各少々	… 各大さじ1

作り方

1 にんじんは棒状に切って耐熱容器に入れ、ラップをして電子レンジで2分加熱する。

2 洗ったいんげんはラップに包み、電子レンジで1分半加熱する。

3 ラップを敷いて豚肉を重ねておき、塩、こしょうをして1、2を並べ、ラップごと巻く。

4 フライパンにサラダ油をぬり、3の巻き終わりを下にして並べ、焼く。

5 焼き目がつくまで転がしながらこんがりと焼き、ふたをして中まで（重なっているところは火が通りづらいので注意）火を通す。

6 Aを混ぜ合わせ、5に加えて焼き絡め、少し冷めたら食べやすい大きさに切る。

副菜❶

チンゲン菜と にんじんのナムル

調理時間 **10** min.

材料（2人分）

チンゲン菜 … 1束	**A** 鶏ガラスープの素
にんじん … 1/2本	（顆粒）・しょうゆ・
	ごま油
	… 各小さじ1
	白炒りごま … 適量

作り方

1 チンゲン菜は食べやすい大きさに切り、にんじんは細切りにする。

2 1を耐熱容器に入れ、ラップをして電子レンジで2分半加熱して粗熱を取り、水気をしっかり絞る。

3 混ぜ合わせたAを加えて和え、器に盛り、白炒りごまをふる。

副菜❷

紅しょうがと 大葉の卵焼き

調理時間 **10** min.

材料（2人分）

紅しょうが	**A** ポン酢しょうゆ・
… ひとつかみ	水 … 各大さじ1
大葉 … 2〜3枚	マヨネーズ
卵 … 2個	… 少々
	サラダ油 … 適量

作り方

1 紅しょうがはみじん切り、大葉はクルクルと巻いて細切りにし、卵、Aとともにボウルに入れて混ぜる。

2 卵焼き用のフライパンにサラダ油をぬり、しっかり温めた後に1を注ぎ、3回くらいに分けて巻く。

汁物

麩とまいたけの みそ汁

調理時間 **10** min.

材料（2人分）

水 … 400ml	まいたけ … 100g
和風だしの素（顆粒）	みそ … 大さじ1と1/2
… 小さじ2	小ねぎ（小口切り）
麩 … ひとつかみ	… 適量

作り方

1 鍋に水、和風だしの素、麩、ほぐしたまいたけを入れて火にかける。

2 具材に火が通ったら火を止め、みそを溶かし入れる。器に盛り、小ねぎを散らす。

5日目
Friday
【金曜日】

4日目に余ったチンゲン菜をスープに。
にんじん、いんげんも無駄なく使って。

調理
スケジュール

		下ごしらえ		焼く	仕上げる			
	0	5	10	15	20	25	30 min.
主菜		加熱する			仕上げる		
副菜❶							
副菜❷							
汁物		加熱する				仕上げる	

▶ 主菜 ◀

鶏肉の照り焼き

調理時間
15
min.

材料（2人分）

鶏もも肉 … 1〜2枚（大きめ）

A ｜ しょうゆ・酢・砂糖・酒
　　… 各大さじ1と1/2

Point

鶏肉の余分な皮や脂身、筋が気になる場合はキッチンバサミで取り除きましょう。

作り方

1 鶏肉は皮面をフォークで刺して穴を開ける。

2 フライパンに皮目を下にして入れ、こんがりと焼く。

3 焼き色がついたら裏返し、ふたをして中まで蒸し焼きにする。

4 鶏肉に火が通ったらフライパンの余分な油をふき取り、**A**を加えて煮絡める。

▶ 副菜 ① ◀

にんじんの
明太マヨ和え

調理時間
10
min.

材料（2人分）

にんじん … 1本
辛子明太子 … 1/2腹
マヨネーズ … 大さじ2

作り方

1 にんじんは皮をむいて3cm長さの細切りにし、耐熱容器に入れてラップをし、電子レンジで2分ほど加熱し、粗熱を取る。

2 辛子明太子の皮をむいて中身を取り出し、マヨネーズと和えて明太マヨを作る。

3 水気を切った1を2で和える。

▶ 副菜 ② ◀

いんげんの
ごま和え

調理時間
10
min.

材料（2人分）

いんげん … 7〜8本

A ｜ しょうゆ・すりごま … 各大さじ1/2
　　砂糖 … 小さじ1

作り方

1 いんげんは食べやすい長さに切り、耐熱容器に入れてラップをし、電子レンジで2分加熱し、冷ましてから水気を取る。

2 ボウルに**A**を入れ、1を加えて和える。

▶ 汁物 ◀

チンゲン菜と卵の
中華スープ

調理時間
10
min.

材料（2人分）

チンゲン菜 … 1束
水 … 400ml
中華風だしの素 … 大さじ1弱
水溶き片栗粉 … 大さじ1
卵 … 1個
白炒りごま … 適量

作り方

1 チンゲン菜は洗って食べやすい大きさに切る。

2 鍋に水、中華風だしの素を入れて火にかけ、1の茎の部分からゆでる。

3 茎の部分がやわらかくなったら、葉の部分を加えてゆでる。水溶き片栗粉を入れてとろみをつけ、溶いた卵を回し入れる。

4 器に盛り、白炒りごまをふる。

フライなどの揚げ物は
週末の時間があるときに作ります。

調理スケジュール		下ごしらえ				揚げる	仕上げる	
		0　　　　5	10	15	20	25	30	min.
	主菜							
	副菜❶							
	副菜❷							
	汁物							

28

主菜

鮭フライ

調理時間 **15** min.

材料（2人分）

生鮭（切り身）	【タルタルソース】
… 2切れ（大きめ）	ゆで卵 … 1個
塩 … 少々	マヨネーズ
卵 … 1個	… 大さじ3
小麦粉 … 適量	塩・こしょう
パン粉・サラダ油	… 各少々
… 各適量（多め）	ドライパセリ … 適量

作り方

1 鮭は塩をふって少しおき、水分が出たらしっかりふき取る。

2 卵はボウルに溶き、1に小麦粉、卵液、パン粉の順につける。

3 フライパンにサラダ油を入れて180℃に熱し、2を入れてこんがりと揚げ、油を切って器に盛る。

4 殻をむいたゆで卵を細かく切ってボウルに入れ、マヨネーズ、塩、こしょうを加えて和え、3にかけ、パセリをふる。

副菜 ❶

長いもの
わさびじょうゆ和え

調理時間 **5** min.

材料（2人分）

長いも … 10〜15cm分

A しょうゆ … 大さじ1/2
　　わさび（チューブ） … 3〜4cm分
　　かつお節 … ひとつかみ

作り方

1 長いもは皮をむいて拍子木切りにする。

2 ボウルに1と**A**を入れて和える。

副菜 ❷

キムチ冷奴

調理時間 **5** min.

材料（2人分）

絹ごし豆腐 … 200g
キムチ・塩こんぶ … 各適量

作り方

1 豆腐は水切り（しっかり水切りしたい場合はキッチンペーパーで包み、電子レンジで2〜3分加熱）する。

2 半分に切って器に盛り、キムチ、塩こんぶをのせる。

汁物

オクラと麩の
みそ汁

調理時間 **10** min.

材料（2人分）

オクラ … 9本
水 … 400ml
和風だしの素（顆粒） … 小さじ2
麩 … ひとつかみ
みそ … 大さじ1

作り方

1 オクラは塩（分量外）をふって板ずりし、薄めの小口切りにする。

2 鍋に水、和風だしの素、麩、1を入れて火にかける。

3 具材に火が通ったら火を止め、みそを溶かし入れる。

7日目
sunday
【日曜日】

6日目に余った長いもを使って。
彩りも意識した週末のひと手間献立。

調理 スケジュール		下ごしらえ	焼く					仕上げる	
		0	5	10	15	20	25	30 min.	
主菜									
副菜 ❶									
副菜 ❷									
汁物									

主菜

かぼちゃの
豚バラ巻き

調理時間
15
min.

材料（2人分）

かぼちゃ（スライス）
　… 8枚分
豚バラ薄切り肉
　… 8枚
塩・こしょう … 各少々
A | しょうゆ・酒・砂糖 … 各大さじ1
　　 | 酢 … 小さじ1
白炒りごま … 適量

> *Point*
> あらかじめスライスされたかぼちゃを買えば、簡単に作れます。

作り方

1　かぼちゃに豚肉をグルグルと巻きつける。

2　フライパンに1の巻き終わりを下にして入れ、塩、こしょうをふって焼く。

3　豚肉がこんがりと焼けたら裏返し、反対側もしっかりと焼く。

4　豚肉から出た油をふき取り、**A**を加えて煮絡める。器に盛り、白炒りごまをふる。

副菜 ❶

ニラのお浸し

調理時間
5
min.

材料（2人分）

ニラ … 1袋
卵黄 … 2個分
めんつゆ（3倍濃縮）・白炒りごま
　… 各適量

作り方

1　ニラは洗ってラップに包み、電子レンジで1分加熱する。

2　粗熱が取れたら水気を絞り、食べやすい長さに切って器に盛る。

3　めんつゆをかけて卵黄をのせ、白炒りごまをふる。

副菜 ❷

トマトとツナの
甘酢漬け

調理時間
5
min.

※漬け込み時間は含まず

材料（2人分）

トマト … 3〜4個
ツナ缶 … 1缶（80g）
A | 砂糖 … 大さじ2
　　 | ポン酢しょうゆ … 大さじ3

作り方

1　トマトは食べやすい大きさに切る。

2　ボウルに**A**を入れて混ぜ、1と油を切ったツナを加えて軽く混ぜる。

汁物

カニかまと長いもの
中華卵スープ

調理時間
10
min.

材料（2人分）

水 … 400ml
中華風だしの素 … 大さじ1弱
長いも … 1/4本
カニ風味かまぼこ … 4〜5本
卵 … 1個
塩・こしょう … 各少々
小ねぎ（小口切り） … 適量

作り方

1　鍋に水、中華風だしの素を入れて火にかける。

2　長いもは皮をむいて拍子木切りにし、1に加える。

3　長いもがやわらかくなったらアクを取り、ほぐしたカニ風味かまぼこを加え、溶き卵を回し入れて塩、こしょうで味を調える。

4　器に盛り、小ねぎを散らす。

私が献立メニューを考えるときの4つの法則

主菜や副菜、汁物……。
やることが多くて悩んでしま
う人も多いはず。
いくつかのポイントを意識
しておけば、スムーズにメ
ニューが考えられます!!

最初に
主菜を決める

肉や魚料理など、メインとなる
料理を最初に決めてから、そ
れに合う副菜を考えます。

副菜には
緑の食材を入れる

副菜選びは緑を意識してほうれん草やブロッコリー、いんげんなどの食材を入れるようにしています。ほかには卵や豆腐を入れて作ることもあります。

果物をプラスして
栄養バランスをアップ

切って盛りつけるだけなので簡単です。旬のものや安く売っている果物を使うのがオススメです。見た目も華やかになります。

最後に
汁物を決める

おかずにボリュームをプラスしたいときは具だくさんの汁物にしたり、おかずがこってり味のときはさっぱり味の汁物にするなど、おかずに合わせて汁物を決めてください。

主菜と副菜の考え方

主菜と副菜の考え方や組み合わせるときに意識したいポイントを紹介します。

主菜

なるべく同じ食材が続かないように、鶏肉、豚肉、ひき肉、魚というように毎日食材を変えて料理に変化をつけています。同じ肉の場合は、むね肉、もも肉のように部位を変えても◎。

副菜

「和えるだけ」で簡単に作れるものから火を通すのに時間がかかるものまであります。主菜との味のバランスや作る手間を考えて選びましょう。30分で献立を作るには副菜選びがとても重要です。

主菜と副菜の組み合わせ法

濃い味の主菜	×	さっぱりした味の副菜
時間がかかる主菜	×	冷奴や和えるだけの副菜
簡単な主菜	×	卵料理や時間がかかる副菜

買い物をするときのポイント

実際に買い物をするときに意識しているポイントを紹介します。

3日分を目安に買い物をする

買い物をする場合は、主菜で使った野菜は翌日の副菜にするなど、使い回しも意識して買いましょう。最初のころは3日分程度の献立を目安に買い物するのがオススメです。

旬の食材を選ぶようにする

価格も安く、栄養価も高いので、できるだけ旬の食材を選ぶようにしています。旬の野菜や魚などは、献立を考えるときに意識して季節感を出すようにしています。

献立が思い浮かばないときの対処法

どうしても何を作ればよいか思い浮かばないときの対処法です。

対処法 1　インスタグラムを使う

見た目が華やかなメイン料理が作りたいときには最適な方法です。また、豚肉や鶏肉など肉の種類や部位をハッシュタグをつけて探す場合もあります。

対処法 2　無料レシピアプリを使う

副菜は冷蔵庫に余っている食材などを検索してレシピを探しています。また、副菜は彩りも重要なので、彩りのバランスを見てメニューを決める場合も多いです。

対処法 3　モチベーションアップにYouTube

メニューが浮かばないときもそうですが、自炊へのモチベーションを上げたいときは大好きな料理やライフスタイル系のYouTuberさんの動画を観て、料理へのやる気を高めています。

調味料を
使うときのルール

砂糖とみりんの使い分け

料理を始めたころは、「甘味を出すなら砂糖でよくない?」と思っていました。
しかし、調べてみると砂糖とみりんは食材への働きが真逆だったりしてびっくり!

	砂糖	みりん
働き	食材の表面に水分を保ち、やわらかくする	食材を引き締める、照りをつける、臭みを取る
味わい	みりんよりも甘味が強い	砂糖よりもまろやかな甘味
オススメの料理	肉をやわらかくするのですき焼きや、酸味を和らげる酢の物など	煮崩れを防ぎたい煮物や、臭みを取るので魚介を使った料理など

照り焼きなどは両方使っても味に深みが出るのでオススメです。
作りたい料理に合わせて使い分けるといいですね!

小麦粉と片栗粉の使い分け

使い方が似ていて「キャラかぶりすぎてない?」と調理時にはいつも悩みの種でした。
実は調理法によって仕上がりが全然異なるのです!

	小麦粉	片栗粉
揚げたとき	内側しっとり外側はカリッと	とにかくサクサクの仕上がり
焼いたとき	カリッと香ばしく	しっとりやわらかく
とろみをつけるとき	優しいとろみがつくので、シチューなどに	しっかりとろみがつくので、あんかけなどに

特に使い分けに悩むのが焼くときですが、カリッと仕上げたいムニエルは
小麦粉、しっとり仕上げたい鶏むね肉は片栗粉をまぶすことが多いです。

料理酒の効果と使い方

下味や味つけに使うけれど、「正直意味あるの?」と思っていた料理酒。
実はたくさんのおいしさをアップしてくれる効果がありました!

効果 1 食材をやわらかくする

たんぱく質のコラーゲンは加熱すると硬くなりますが、コラーゲンを酸性(酒)の液体に漬けるとやわらかい状態を保ちます。

効果 2 コクやうま味がプラスされる

料理酒に含まれる糖分が、料理に甘味とコクを与えてくれます。また、アミノ酸がうま味をプラスしてくれます。

効果 3 調味料が食材にしみ込みやすくなる

照り焼きのタレなどに酒を使うのは、アルコールが食材にしみ込むときにほかの調味料もしみ込ませる働きがあるからです。

効果 4 臭みを飛ばす

アルコール分が蒸発して食材の臭みを飛ばして風味も豊かにしてくれます。

塩の効果と使い方

ちょっとのひと手間に登場する「塩」。
あまりにも万能すぎて覚えておくととっても役立つ効果ばかりでした!

効果 1 脱水効果

食材に塩をふると浸透圧の働きで余分な水分が排出されます。出た水分はふき取ってから調理しましょう。また、水分が抜けた分だけ調味料がよくしみ込みます。

効果 2 臭みを取る

魚に塩をふると、余分な水分と一緒に臭みが出ます。また、身が崩れにくくなる効果もあります。

効果 3 たんぱく質を固める

肉や魚の表面に塩をふっておくと、焼いたときに出る肉汁をギュッと閉じ込めてくれる効果があります。

効果 4 変色防止

ほうれん草やブロッコリーは塩ゆですると緑色が鮮やかになります。これは塩のナトリウムが緑の野菜に含まれる色素のクロロフィルを安定させるからです。

PART 2

大満足のボリューム！

主菜レシピ

main dish

肉や卵、魚を使った主菜レシピを集めました。
オススメの副菜も紹介していますので、
食べたい主菜を選んで、
献立作りの参考にしてください。

ジューシーな味わいと
サクサク食感が◎

鶏肉の
甘辛唐揚げ

お弁当　おつまみ

調理時間
15
min.

※漬け込み時間は含まず

材料（2〜3人分）
鶏もも肉 … 2枚
【下味用】
にんにく・しょうが（ともにチューブ）… 各3cm分
酒・しょうゆ・コチュジャン … 各大さじ1
片栗粉 … 大さじ3〜4
揚げ油 … 適量

作り方

1 鶏肉は食べやすい大きさに切ってジッパーつき保存袋に入れ、下味用の調味料を入れてもみ込み、10〜15分ほど冷蔵庫において味をしみ込ませる。

2 軽く水分をふき取り（より衣がサクッと仕上がる）、ポリ袋に入れて片栗粉をまぶす。

3 170℃の揚げ油で少量ずつ揚げていく。
　※少量ずつだと油の温度が下がらないのでサクッと時短で揚がります！

4 きつね色になったら一度取り出し、180℃に熱した油で1〜2分2度揚げする。

唐揚げをおいしく
サクサクに揚げるコツ

調味料の水分を軽くふき取る。

片栗粉は別のポリ袋でまぶす。

170℃の油で少量ずつ揚げる。

180℃の油で2度揚げする。

オススメの副菜

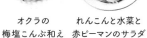

きゅうりの
梅かつお和え
▶P98

オクラの
梅塩こんぶ和え
▶P104

れんこんと水菜と
赤ピーマンのサラダ
▶P111

むね肉を使っても
しっとりやわらかに仕上がる

鶏むね肉の
チキン南蛮風

おつまみ

調理時間
20
min.

材料（2人分）
鶏むね肉 … 1枚
酒 … 大さじ1
塩・こしょう … 各少々
片栗粉 … 適量
サラダ油 … 適量（多め）
【タルタルソース】
　ゆで卵 … 1個
　マヨネーズ … 大さじ3
【タレ】
　しょうゆ・砂糖・酢 … 各大さじ1と1/2
パセリ（みじん切り）… 適量

作り方
1　鶏肉は繊維を断つように薄く切って酒をもみ込
　み、塩、こしょうをふって片栗粉をまぶす。

2　サラダ油を入れたフライパンで1を揚げ焼きに
　する。

3　ゆで卵の殻をむき、細かく切ってマヨネーズで
　和えてタルタルソースを作る。

4　フライパンの余分な油をふき取り、混ぜ合わせ
　たタレの材料を加え、煮絡めて器に盛り、3を
　かけ、パセリを散らす。

鶏むね肉を
おいしく調理するコツ

むね肉の繊維を断つように切
る。

酒を入れてしっかりもみ込む。

片栗粉をまぶしてから焼く。

> オススメの副菜 <

長いもと
アボカドの
わさびじょうゆ和え
▶P97

きゅうりの
梅かつお和え
▶P98

なすとミニトマトの
めんつゆ和え
▶P107

にんにくの風味をきかせて
コクのある味わいに

トマトチキンソテー

おつまみ

調理時間
20
min.

材料（2人分）

鶏もも肉 … 2枚
塩・こしょう … 各少々
にんにく … 2〜3片
サラダ油 … 大さじ1

オリーブ油 … 大さじ1
A ホールトマト缶
　… 1缶（400g）
コンソメスープの素（顆粒）・
　砂糖 … 各小さじ2

作り方

1　鶏肉は余分な皮や黄色っぽい脂肪を取り、白っぽい筋や硬い軟骨もキッチンバサミで取る。フォークで鶏肉の両面全体に穴を開け（焼き縮みを防ぐため）、塩、こしょうをふる。※この下処理でおいしさが圧倒的に増します!!

2　にんにくは1〜2片は薄切りにし、1片はみじん切りにする。

3　フライパンに鶏肉を皮目から入れてこんがりと焼き、空いているスペースにサラダ油を入れ、薄切りのにんにくを加えて揚げ焼きにして取り出す。

4　鶏肉の皮目が焼けたら裏返し、もう片面にも焼き目をつけてふたをし、中まで火を通して器に盛る。

5　鍋にオリーブ油を入れ、みじん切りにしたにんにくを炒める。

6　にんにくの香りが出たら、**A**を加え、トマトをつぶすように混ぜて水分を飛ばす。

7　4に6をかけ、3で揚げ焼きにしたにんにくをのせる。

鶏もも肉を おいしく調理するコツ

余分な皮や脂肪、筋や軟骨を取る。

フォークで全体に穴を開ける。

皮目も指で広げながら穴を開ける。

皮目から入れて焼く。

オススメの副菜

タコとにんじんと
オリーブのマリネ
▶P101

豆苗とツナの
塩こんぶナムル
▶P102

れんこんと水菜と
赤ピーマンのサラダ
▶P111

ほどよい辛さで
ごはんがすすむおいしさ

鶏チリ

材料（2人分）

鶏むね肉 … 1枚

酒 … 大さじ1

塩・こしょう … 各少々

片栗粉・サラダ油 … 各適量

玉ねぎ … 1/2個

A｜トウバンジャン … 小さじ1/2
　｜にんにく・しょうが
　｜　（ともにチューブ）… 各4cm分

【タレ】

　｜酒 … 大さじ1
　｜しょうゆ・ごま油
　｜　… 各大さじ1/2
　｜トマトケチャップ
　｜　… 大さじ1弱
　｜鶏ガラスープの素（顆粒）
　｜　… 小さじ1/2強
　｜水 … 大さじ2

白炒りごま・小ねぎ（小口切り）
　… 各適量

作り方

1 鶏肉は薄く切って酒をふり、数分おいて塩、こしょうをふり、片栗粉をまぶす。

2 フライパンにサラダ油、みじん切りにした玉ねぎ、Aを入れて炒める。

3 フライパンの空いたスペースにサラダ油を足し、1を加えて焼き目がつくまで全体を焼く。

4 混ぜ合わせたタレの材料を加えて焼き絡め、とろみをつけて器に盛り、白炒りごま、小ねぎを散らす。

オススメの副菜

ごぼうと
にんじんの
ごまマヨ和え
▶P106

かぼちゃと
まいたけの
マヨポン和え
▶P108

さつまいもの
きんぴら
▶P118

オススメの副菜

豆苗とツナの
塩こんぶナムル
▶P102

ちくわの
梅大葉マヨ和え
▶P103

なすとミニトマトの
めんつゆ和え
▶P107

甘味と酸味の
ほどよいバランスがGOOD

ハニーマスタードチキン

おつまみ　フライパン1つ

調理時間
15
min.

材料（2人分）

鶏むね肉 … 1枚（大きめ）

酒（下味用） … 大さじ1

塩・こしょう … 各少々

片栗粉 … 適量

サラダ油 … 大さじ1〜2

A｜酒・粒マスタード・はちみつ・
　　しょうゆ … 各大さじ1

作り方

1　鶏肉は繊維を断つように薄切りにし、下味用の
　　酒をふって5分ほどおく。塩、こしょうをふり、
　　片栗粉をまぶす。

2　フライパンにサラダ油を入れ、1を加えてこんが
　　りと焼く。

3　Aを混ぜてタレを作る。

4　フライパンの余分な油を軽く
　　ふき取り、3を加えて煮絡める。

point
工程4で煮絡める
ときは、片栗粉が
はがれないように
鶏肉を触るのは最
小限にして。

ケチャップの酸味と
はちみつのコクで味わう

鶏むね肉の
ハニーケチャップ焼き

材料（2人分）

鶏むね肉 … 1枚（大きめ）
酒 … 大さじ1
片栗粉 … 適量
サラダ油 … 適量（多め）
A | はちみつ・しょうゆ・酒・
　　 | トマトケチャップ
　　 | … 各大さじ1

作り方

1 鶏肉はキッチンバサミで薄めのひと口大に切り、
　 酒をもみ込む。

2 片栗粉をまぶし、サラダ油を熱したフライパン
　 で揚げ焼きにする。

3 鶏肉がこんがりと焼けたらフライパンの余分な
　 油をふき取り、**A**の材料を加えて煮絡める。

> オススメの副菜

なすとミニトマトの
めんつゆ和え
▶P107

れんこんと水菜と
赤ピーマンのサラダ
▶P111

紫キャベツの
コールスロー
▶P118

まろやかな味の
ほっこり和風おかず

鶏もも肉となすの甘酢炒め

調理時間
15
min.

> オススメの副菜

なすとミニトマトの
めんつゆ和え
▶P107

ニラ玉炒め
▶P113

にんじんしりしり
▶P113

材料（2人分）

鶏もも肉 … 1枚（大きめ）
酒 … 大さじ1
塩・こしょう … 各少々
なす … 1本
片栗粉 … 適量
サラダ油 … 適量（多め）
A 調味酢・しょうゆ
　　 … 各大さじ1〜2
白炒りごま … 適量

作り方

1 鶏肉は食べやすい大きさに切り、酒、塩、こしょうをふってもみ込む。なすはよく洗って水気を取り、乱切りにする。

2 鶏肉に片栗粉をまぶし、サラダ油を熱したフライパンで揚げ焼きにする。

3 なすは皮目から2に加え、揚げ焼き（必要なら油を追加）にする。

4 3に火が通ったら、**A**を加えて焼き絡めて器に盛り、白炒りごまをふる。

ほどよい酸味が肉の
うま味を引き立てる

手羽元と卵の
すっぱ煮

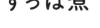

調理時間 **20** min.

材料（2人分）

鶏手羽元 … 6〜7本
塩・こしょう … 各少々
小麦粉 … 適量
サラダ油 … 適量
ゆで卵 … 2〜3個
調味酢 … 大さじ2

作り方

1 手羽元に塩、こしょうをふり、小麦粉をまぶし、サラダ油を熱したフライパンで焼く。

2 ゆで卵の殻をむき、小麦粉をまぶして1のフライパンに加える。

3 調味酢を加え、煮絡める。

オススメの副菜

ごぼうとにんじんの
ごまマヨ和え
▶ P106

ほうれん草と
にんじんの白和え
▶ P114

さつまいもの
きんぴら
▶ P118

サクサクになるように
揚げるのがポイント

トンカツ

お弁当

調理時間
20 min.

材料（2人分）

豚ロース厚切り肉 … 2枚
塩・こしょう … 各少々
小麦粉 … 適量
溶き卵 … 1個分
パン粉 … 適量（多め）
揚げ油・トンカツソース … 各適量

作り方

1 豚肉は脂身と赤身の境目に包丁で切り込みを入れてめん棒で叩き、肉の繊維を壊す。薄くなったらギュッと手で寄せて元の大きさに戻す。

2 1に塩、こしょうをふり、小麦粉、溶き卵、パン粉（たっぷりかぶせるようにつける）の順番につける。

3 鍋の底から3〜4cmのところまで油を入れて180℃に熱し、2を揚げる。
※箸やトングでトンカツを揺らしながら軽く混ぜて油を対流させると温度が均一になり早く高温になるので、揚げむらがなくサクサクに仕上がります！

4 食べやすく切って器に盛り、トンカツソースをかける。

オススメの副菜

きゅうりの
梅かつお和え
▶P98

カニかまときゅうりの
春雨サラダ
▶P100

オクラの
梅塩こんぶ和え
▶P104

トンカツを
おいしく作るコツ

めん棒で叩いて繊維を壊す。

手で寄せて元の大きさに戻す。

パン粉はかぶせるようにたっぷりつける。

トンカツを揺らしながら油を対流させる。

重ならないように立てて油を切る。

やわらかく仕上げた
豚肉が絶品

冷しゃぶサラダ

おつまみ

調理時間
10
min.

材料（2人分）
豚ロース薄切り肉 … 15枚
大根 … 1/4本
水菜 … 適量
塩 … ひとつまみ
オクラ … 3〜4本
ミニトマト … 3〜4個
ポン酢しょうゆ … 適量

作り方

1 鍋にたっぷりの水（分量外）を入れて火にかけ、沸騰する直前に火を止め、豚肉を手で広げながら余熱でゆでる。

Point

火を止めて余熱でゆでるとやわらかく仕上がります。

2 よく洗った大根を皮ごとすりおろす。

※皮ごとおろした方が栄養満点！ 円を描くようにすりおろすと辛みがおさえられます！

3 よく洗って食べやすい大きさに切った水菜を器に敷き、**1**を盛り、塩で板ずりした小口切りのオクラ、半分に切ったミニトマトを散らし、**2**をのせてポン酢しょうゆをかける。

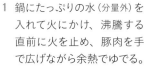

オススメの副菜

かぼちゃの
マヨサラダ
▶P108

かぼちゃと
ブロッコリーの
オーロラソース和え
▶P109

さつまいもの
きんぴら
▶P118

細切りにしたちくわを
加えてもおいしい

豚キムチ

材 料（2人分）

ごま油 … 小さじ1

豚バラ薄切り肉 … 250g

長ねぎ … 1本

A｜キムチ … ふたつかみ
　｜ポン酢しょうゆ・みりん
　｜　… 各大さじ1〜2

白炒りごま・小ねぎ（小口切り）
　… 各適量

作 り 方

1 フライパンにごま油を入れ、食べやすい大きさ
　に切った豚肉を入れて焼く。

2 長ねぎは斜め切りにし、1に加えて一緒に焼く。

3 長ねぎに火が通ったら余分な油をふき取り、Aを
　加えてサッと炒める。

4 器に盛り、白炒りごま、小ねぎを散らす。

オススメの副菜

ニラ玉炒め
▶P113

にんじんしりしり
▶P113

さつまいもの
きんぴら
▶P118

きゅうりの
梅かつお和え
▶P98

ピーマンの
塩こんぶ和え
▶P102

酢れんこん
▶P119

コクのあるうま味と辛さで
大満足の味わい

回鍋肉
ホイ　コー　ロー

お弁当　おつまみ　フライパン1つ

調理時間
15
min.

材料（2〜3人分）

ごま油 … 大さじ1
にんにく（チューブ）… 3cm分
トウバンジャン … 小さじ1
豚バラ薄切り肉 … 200g
キャベツ … 3〜4枚
ピーマン … 2個
A｜ 酒 … 大さじ1
　｜ テンメンジャン
　｜ … 大さじ1と1/2〜2

作り方

1 フライパンにごま油、にんにく、トウバンジャン
　を入れて軽く火にかける。
　※にんにくが飛び散りやすいので火傷に注意してください

2 食べやすい大きさに切った豚肉を加え、強めの
　中火でこんがりと焼く。

3 食べやすい大きさに切っ
　たキャベツ、ピーマン、A
　を加えてサッと炒める。

Point

とにかく手早く炒め
るのがポイント。テン
メンジャンはお好
みの量でもOKです。

材料（2人分）
にんにく … 2片
サラダ油 … 少々
豚ロース厚切り肉 … 2枚
塩・こしょう・小麦粉 … 各少々
【タレ】
　しょうゆ・酒・砂糖・みりん
　　… 各大さじ1
　酢 … 小さじ1

作り方
1　にんにくは薄切りにする。
2　フライパンにサラダ油を入れて1を揚げ焼きにしてにんにくチップを作る。
3　豚肉は脂身と赤身の間に切り込みを入れ、めん棒などで叩いて肉の繊維を壊す。薄くなっている豚肉を手でギュッと元の大きさに戻す（P53参照）。
4　3に塩、こしょうをふり、小麦粉をまぶして2のフライパンで両面をこんがりと焼く。
5　混ぜ合わせたタレの材料を加え、4に照りが出るまで焼き絡めて器に盛り、2をのせる。

オススメの副菜

きゅうりの
ピリ辛和え
▶P99

豆苗とツナの
塩こんぶナムル
▶P102

ピーマンの
塩こんぶ和え
▶P102

甘辛い味わいで
大人から子どもまで楽しめる

トンテキ

調理時間
20
min.

お弁当　フライパン1つ

長いもの食感が
味のアクセントになる

長いもの豚肉巻き

調理時間
20
min.

オススメの副菜

アボカドの
キムチ和え
▶P96

カニかまときゅうりの
春雨サラダ
▶P100

オクラの
梅塩こんぶ和え
▶P104

材料（2人分）

長いも … 1/4本
豚バラ薄切り肉 … 4〜5枚
塩・こしょう・小麦粉 … 各少々
A｜砂糖・酒・しょうゆ
　　… 各大さじ1
白炒りごま … 適量

作り方

1　長いもは皮をむいて棒状に切る。

2　豚肉を広げ、1をのせてクルクルと巻き、塩、こしょうをふって小麦粉をまぶす。

3　フライパンに2の巻き終わりを下にして焼き、こんがりと焼けたらふたをして中まで火を通す（重なっている部分に火が通りづらいので注意）。

4　フライパンの余分な油をしっかりふき取り、混ぜ合わせたAを加えて焼き絡め、照りを出して器に盛り、白炒りごまをふる。

チーズと豚肉が相性抜群の
絶品おかず

豚肉の大葉チーズ巻き

調理時間 **20** min.

PART 2 大満足のボリューム! 主菜レシピ

材料（2〜3人分）
スライスチーズ（溶けるタイプ）
　… 5枚
大葉 … 10枚
豚ロース薄切り肉 … 10枚
塩・こしょう … 各少々
小麦粉 … 少々
サラダ油 … 適量

作り方

1 スライスチーズは縦半分に切る。大葉は洗って
　水気を取る。

2 豚肉を広げ、1をのせてクルクルと巻く。

3 2に塩、こしょうをふって小麦粉をまぶし、サラ
　ダ油を入れたフライパンで巻き終わりを下にして
　焼く。

4 全面がこんがりと焼けたらふたをして中まで火を
　通す（重なっている部分に火が通りづらいので注意）。

切干大根とワカメの
酢の物
▶P103

ごぼうとにんじんの
ごまマヨ和え
▶P106

なすとミニトマトの
めんつゆ和え
▶P107

れんこんの食感が
クセになるおいしさ

れんこんと豚肉の甘辛炒め

調理時間
20
min.

おつまみ　フライパン1つ

オススメの副菜

きゅうりの
梅かつお和え
▶P98

豆苗とツナの
塩こんぶナムル
▶P102

オクラの
梅塩こんぶ和え
▶P104

材料（2人分）

れんこん … 10cm分
片栗粉 … 適量
豚こま切れ肉 … 250g
塩・こしょう … 各少々
サラダ油 … 大さじ3
【タレ】
　酒・コチュジャン・しょうゆ
　　… 各大さじ1
　砂糖 … 小さじ2
　にんにく（チューブ）
　　… 3〜4cm分

作り方

1　れんこんは1cm厚さの輪切り（大きいものは半月切り）にする。酢水（分量外）につけ、変色を防止して水気をふき取り、片栗粉をまぶす。

2　豚肉は包丁の背で軽く叩いて繊維を壊す。塩、こしょうをふり、片栗粉をまぶす。

3　フライパンにサラダ油を入れ、2を焼き、肉の色が変わったら1を加えてこんがりと焼く（油が足りなくなったら途中で追加）。

4　混ぜ合わせたタレの材料を加えて焼き絡める。

ボリューム満点で
見た目もかわいいおかず

トンデリング

材料（2人分）

玉ねぎ … 1/2個
豚バラ薄切り肉 … 8枚
塩・こしょう … 各少々
片栗粉 … 大さじ1〜2
A│ しょうゆ・調味酢
　│　… 各大さじ2
白炒りごま … 適量

> *Point*
> ごはんがすすむよう
> に味は濃いめ。薄
> 味がいい方は**A**の
> 分量を少なめにして
> 作ってください。

作り方

1 玉ねぎは1cm厚さの輪切りにしてバラバラにする。

2 ひとつの玉ねぎのリングに豚肉2枚をきつく巻き
つけ、塩、こしょうをふって片栗粉を軽くまぶす。

3 巻き終わりを下にしてフライパンでじっくりと焼き、
肉の全面が焼けたらふたをして蒸し焼きにする。

4 フライパンの余分な油をしっかりふき取り、**A**を
加えて絡め、照りを出す。器に盛り、白炒りご
まをふる。

きゅうりの
梅かつお和え
▶P98

れんこんと水菜と
赤ピーマンのサラダ
▶P111

酢れんこん
▶P119

肉のうま味をいかして作る
ハンバーグ

和風ハンバーグ

材料（4個分）

【ハンバーグのタネ】
玉ねぎ … 1/2個
パン粉 … 2つかみ
牛乳 … 大さじ2
合いびき肉
　… 150g
塩・こしょう・ナツメグ
　… 各少々
卵 … 1個

サラダ油 … 適量
【タレ】
ポン酢しょうゆ
　… 大さじ3
酒・砂糖
　… 各大さじ1

作り方

1 玉ねぎは細かくみじん切りにする。

2 ボウルにパン粉を入れて牛乳を加えてふやかす。
　1と残りのタネの材料をすべて入れて手早くこね、
　俵型に成形する。

3 フライパンにサラダ油を熱し、2を入れてこんが
　りと焼く。※肉汁が逃げないようにしっかりと焼き固める

4 焼き目がついたら裏面にも焼き目をつけてふた
　をし、中まで火を通す。

5 ふっくらとハンバーグが焼けたら一度取り出し、タ
　レの材料をすべてフライパンに入れて煮詰める。

6 タレが煮詰まったらフライパンにハンバーグを戻
　し入れ、タレを絡める。

ハンバーグを
おいしく作るコツ

玉ねぎは細かく刻む。

冷蔵庫で冷やしたひき肉を使
う。

手の熱を伝えないように手早
くこねる。

肉汁を逃がさないように焼き
固める。

オススメの副菜

切干大根と
ワカメの酢の物
▶P103

オクラの
梅塩こんぶ和え
▶P104

ごぼうとにんじんの
ごまマヨ和え
▶P106

オイスターソースで
コクのある味わいに

春巻き

お弁当　おつまみ　調理時間 **25** min.

材料（10本分）

春雨 … 30g

たけのこ（水煮）… 80g

ごま油 … 適量

豚ひき肉 … 200 〜 250g

A 酒・みりん・ごま油
　　… 各大さじ1
　鶏ガラスープの素（顆粒）・
　　砂糖 … 各小さじ1
　オイスターソース … 小さじ2

春巻きの皮 … 10枚

水溶き片栗粉 … 適量

揚げ油 … 適量（多め）

作り方

1 春雨は湯で戻し、キッチンバサミなどで短く切る。たけのこは食べやすい大きさに切り、しっかり水気を切る。

2 フライパンにごま油を入れ、ひき肉を炒める。火が通ったら、1を加えて軽く炒める。

3 **A**を加えて汁気がなくなるまで炒め、春巻きの具材を作る。

4 春巻きの皮に粗熱を取った3をのせて包み、巻き終わりを水溶き片栗粉で留め、180℃に熱した油で揚げる。

Point

包んでしばらくおくと水分が出てくるので、包んだらすぐに揚げましょう。

オススメの副菜

カニかまと
きゅうりの
春雨サラダ
▶P100

ごぼうと
にんじんの
ごまマヨ和え
▶P106

にんじんと
しいたけと春雨の
ピリ辛炒め
▶P112

大葉の風味をプラスして
上品な味わいに

ふわふわ豆腐と
大葉入り鶏つくね

オススメの副菜

ニラ玉炒め
▶P113

にんじんしりしり
▶P113

かぼちゃと
まいたけの
マヨポン和え
▶P108

材料（2〜3人分）

絹ごし豆腐 … 150g
長ねぎ … 15cm分
大葉 … 3〜4枚
鶏ももひき肉 … 250g
A 片栗粉 … 大さじ1強
　　卵白 … 1個分
　　みそ … 小さじ1
　　塩・こしょう … 各少々
サラダ油 … 適量
B しょうゆ・砂糖・酒
　　　… 各大さじ1強
　　みりん … 小さじ1
白炒りごま … 適量
卵黄 … 1個分

作り方

1 豆腐は水切りする（しっかり絞る）。

2 長ねぎは細かくみじん切りにし、大葉は丸めて
　細切りにする。

3 ボウルに1、2、ひき肉、**A**を入れてよくこねる。
　※卵黄は取っておいて食べるときにつける

4 少し小さめの俵型に成形し、サラダ油をぬった
　フライパンに入れて両面に焼き目をつけ、途中
　ふたをして中まで蒸し焼きにする。

5 **B**を加えて照りが出るまで焼く。器に盛り、白炒
　りごまをふって卵黄を添える。

材料（2人分）

れんこん … 15cm分

玉ねぎ … 1/4個

A 豚ひき肉 … 200g
  しょうが（チューブ）… 3cm分
  片栗粉・酢 … 各大さじ1～2
  酒 … 大さじ1強
  塩・こしょう … 各少々

サラダ油 … 少々

B しょうゆ・砂糖・酒
    … 各大さじ1強
  みりん … 小さじ1

作り方

1 れんこんは1cm厚さの輪切りにして酢水（分量外）につけ、変色を防止した後、しっかりと水気をふく。

2 玉ねぎはみじん切りにしてボウルに入れ、**A**を加えてよくこねてタネを作る。

3 1で2をギュッとはさみ、サラダ油を入れたフライパンで焼いて両面に焼き目をつけ、途中ふたをして中まで蒸し焼きにする。

4 混ぜ合わせた**B**を加え、照りが出るまで焼き絡める。

オススメの副菜

長いもとアボカドの
わさびじょうゆ和え
▶P97

きゅうりの
梅かつお和え
▶P98

カニかまと
きゅうりの
春雨サラダ
▶P100

ひき肉のうま味が
存分に楽しめる一品

れんこんの
はさみ焼き

調理時間
25
min.

お弁当 おつまみ フライパン1つ

卵が味を
まろやかにしてくれる

オムハヤシ

調理時間
25
min.

材料（4人分）

玉ねぎ … 1個
マッシュルーム … 100g
サラダ油 … 少々
牛こま切れ肉 … 250g
水 … 600ml
ハヤシライスのルー
　… 1/2箱

卵 … 8個
　（1人分あたり2個）
牛乳・バター
　… 各大さじ4
ごはん・
　パセリ（みじん切り）
　… 各適量

作り方

1 玉ねぎは薄切りにし、マッシュルームは大きめ
　に切る。

2 鍋にサラダ油を入れ、玉ねぎ、牛肉を入れて炒
　め、マッシュルームを加えてサッと混ぜる。

3 水を加えて15分ほど煮込み、アクを取ってルー
　を加え、5分ほど煮込む。

4 ボウルに卵2個と牛乳大さじ1を入れて溶く（1人
　分）。

5 フライパンにバター大さじ1を入れて溶かし、十
　分に温まったら4を一気に注ぎ、外側から内側
　に向かって菜箸でサッと混ぜる。

6 ふちが固まってきたら、半熟のうちに器に盛っ
　たごはんにのせてパセリを散らし、3をかける。
　工程4から同様に残りの3つを作る。

卵を ふわふわに焼くコツ

卵に牛乳を加える。

多めのバターを溶かす。

フライパンが十分に温まって
から卵液を注ぐ。

〉 オススメの副菜 〈

タコとにんじんと
オリーブのマリネ
▶P101

れんこんと水菜と
赤ピーマンのサラダ
▶P111

紫キャベツの
コールスロー
▶P118

香ばしいにんにくの風味が
味の決め手に

豆腐ステーキ

調理時間 **15** min.

材料（2人分）

木綿豆腐 … 300 ～ 400g
にんにく … 2片
サラダ油 … 大さじ1
片栗粉 … 適量
バター … 大さじ1
A 酒・しょうゆ・砂糖
　　… 各大さじ1

作り方

1 豆腐は水切りする。にんにくは薄切りにし、サラダ油を入れたフライパンで揚げ焼きにしてきつね色になったら取り出す。

2 豆腐は食べやすい大きさに切り、片栗粉をまぶす。

3 1のフライパンにバターを加え、2を揚げ焼きにする。

4 両面がこんがりと焼けたら、混ぜ合わせた**A**を加えて焼き絡める。

5 器に盛り、1のにんにくをのせる。

Point
にんにくを揚げ焼きにしたフライパンで豆腐を揚げるのがポイント。

Point
バターと砂糖で味にコクが出ます。

オススメの副菜

ささみとオクラと
ワカメの
梅かつお和え
▶P105

ピーマンそぼろ
▶P114

牛肉とごぼうの
しぐれ煮
▶P116

ごはんにツナを加えて
コクをプラス

オムライス

フライパン1つ

調理時間
20
min.

材料（2人分）

ツナ缶 … 1缶 (80g)

トマトケチャップ … 大さじ2

残りもののごはん

　… 大きめの茶碗2杯分

塩・こしょう … 各適量

A ┃ 卵 … 2〜3個

　┃ 牛乳 … 大さじ2

　┃ 塩 … 少々

トマトケチャップ（最後にかける用）

　… 適量

作り方

1　フライパンにツナを油ごと入れて軽く炒め、トマトケチャップを加えて水気を飛ばすようにさらに炒める。

2　ごはんを加えてさっくり混ぜ合わせて塩、こしょうをふり、ケチャップライスを作り、取り出す。

3　**A**をボウルに入れてしっかりと混ぜる。

4　よく温めたフライパンに**3**の半量を一気に流し入れ、軽くかき混ぜて半熟状態になったら**2**の半量をのせて包んで器に盛り、トマトケチャップをかける。同様に残り1つを作る。

オススメの副菜

かぼちゃと
ブロッコリーの
オーロラソース和え
▶P109

ピーマンそぼろ
▶P114

紫キャベツの
コールスロー
▶P118

卵液にマヨネーズをプラスして
ふんわりと

とんぺい焼き

おつまみ

調理時間
20
min.

材料（2人分）
豚こま切れ肉 … 150gくらい
塩・こしょう・片栗粉 … 各少々
サラダ油 … 大さじ1弱
キャベツ … 1/4個
豆苗 … 1/3袋
溶けるチーズ … ひとつかみ
卵 … 2個
マヨネーズ・ウスターソース
　… 各適量（多め）
小ねぎ（小口切り）… 適量

作り方
1　フライパンに豚肉を入れて塩、こしょうをふって片栗粉をまぶし、肉に軽くもみ込んでからサラダ油を加えてこんがりと焼く。

2　キャベツ、豆苗は洗ってから食べやすい大きさに切る。

3　1に2を加えて野菜がしんなりするまで炒め、溶けるチーズを加えてさらに炒める。

4　卵と小さじ1のマヨネーズをボウルに入れて溶き、しっかり温めた別のフライパンに卵液を流し入れる。

5　少し固まってきたら3をのせて包んで器に盛り、マヨネーズとウスターソースをかけ、小ねぎをのせる。

オススメの副菜

アボカドの
キムチ和え
▶P96

ごぼうと
にんじんの
ごまマヨ和え
▶P106

ほうれん草と
にんじんの
白和え
▶P114

オススメの副菜

かぼちゃと
ブロッコリーの
オーロラソース和え
▶ P109

かぼちゃと
ベーコンの
コンソメマヨ炒め
▶ P110

ラタトゥイユ
▶ P117

見た目もかわいい
チーズたっぷりオムレツ

白いオムレツ

フライパン1つ

調理時間
10
min.

材料（2人分）
卵白 … 3個分
牛乳 … 大さじ1
溶けるチーズ … ひとつかみ
塩・こしょう … 少々
バター … 大さじ1
黒こしょう … 適量

作り方

1 ボウルに卵白、牛乳、溶けるチーズ、塩、こしょうを入れて泡立て器でよく混ぜる。

2 フライパンにバターを入れて溶かし、しっかり温めて1を一気に注ぎ、外側から内側に向かって菜箸でサッと混ぜ、半分に折って形を整える。

3 ふたをして蒸し焼きにする。器に盛り、黒こしょうをふる。

材料（4人分）

ピーマン … 2個

玉ねぎ … 1/2個

オリーブ油 … 適量（多め）

コンビーフ … 1缶（80g）

卵 … 4個

牛乳 … 大さじ1

コンソメスープの素（顆粒）
… 小さじ1

トマトケチャップ … 適量

作り方

1 ピーマンと玉ねぎは粗みじん切りにする。

2 小さめのフライパンにオリーブ油を入れて**1**とコ
ンビーフを炒める。

3 ボウルに卵 、牛乳 、コンソメスープの素を入れ
て混ぜる。

4 **2**に火が通ったら**3**を一気に注ぎ、ふたをして
弱火で10 〜 15分焼く。

5 卵液が固まったら器をフライパンにのせてその
ままひっくり返し、フライパンに戻し入れて裏面
もふたをして5分ほど焼く。

6 最後にもう一度、器をフライパンにのせてひっく
り返す。食べやすい大きさに切って器に盛り、ト
マトケチャップをかける。

オススメの副菜

タコとにんじんと
オリーブのマリネ
▶ P101

ラタトゥイユ
▶ P117

コンソメ
フライドポテト
▶ P119

コンビーフが
味のアクセントになる

スペイン風
オムレツ

25
min.

おなかも大満足の
ボリュームおかず

ゆで卵の肉巻き

調理時間
25
min.

お弁当　フライパンで

オススメの副菜

ごぼうとにんじんの
ごまマヨ和え
▶P106

なすとミニトマトの
めんつゆ和え
▶P107

ほうれん草と
にんじんの白和え
▶P114

材料（4個分）

ゆで卵 … 4個
小麦粉（ゆで卵用）… 少々
豚ロース薄切り肉 … 8枚
塩・こしょう・小麦粉 … 各少々
サラダ油 … 適量
【タレ】
　しょうゆ・酒・みりん
　　… 各大さじ1

作り方

1 ゆで卵は殻をむき、小麦粉をまぶす（肉がはがれ
　にくくなる）。

2 ゆで卵1個につき豚肉2枚をすき間ができない
　ようにギュッと巻きつけ、塩、こしょうをふって
　小麦粉をまぶす。

3 フライパンにサラダ油を薄くぬり、2の巻き終わり
　を下にして焼き（肉が重なっている部分は火が通りづらい
　ので注意）、焼いている間にタレの材料を混ぜる。

4 全面がこんがりと焼けたら、肉から出た余分な
　油をふき取る。

5 タレを加えて焼き絡め、照りを出す。少し冷まし
　て縦半分に切る。

材料（2人分）

木綿豆腐 … 300g

豚バラ薄切り肉 … 6枚

塩・こしょう・小麦粉 … 各少々

【タレ】
　しょうゆ・酒・みりん
　　… 各大さじ1

白炒りごま … 適量

作り方

1 豆腐は水切りし、6等分に切る。

2 豚肉1/2～1枚を1に巻き、塩、こしょうをふって小麦粉をまぶす。

3 フライパンに肉の巻き終わりを下にして並べて焼き（肉が重なっている部分は火が通りづらいので注意）、焼いている間にタレの材料を混ぜる。

4 全面が焼けたら余分な油をふき取り、タレを加えて煮絡める。

5 器に盛り、白炒りごまをふる。

オススメの副菜

カニかまと
きゅうりの
春雨サラダ
▶P100

ニラ玉炒め
▶P113

にんじんしりしり
▶P113

甘辛の味わいなので
ごはんにぴったり

豆腐の肉巻き

調理時間
25
min.

お弁当　フライパン1つ

大ぶりのブラックタイガーを
使うのがオススメ

エビフライ

お弁当

調理時間
25
min.

材料（2人分）
ブラックタイガー … 8尾
小麦粉 … 適量
卵 … 1個
パン粉 … 適量（多め）
揚げ油 … 適量

作り方

1 エビは背ワタを取り、殻をむいて洗い、尻尾の
　部分の余分な水分や汚れを包丁でしごいて取る。

2 エビの腹に斜めに切り込みを8カ所ほど入れ、
　腹を下にしてまな板におく。ブチッという音がす
　るまで両手で押さえつけながら引っ張り、筋を
　切る。※この工程で揚げたときにまっすぐに！

3 小麦粉、卵を混ぜて粘度が高め（小麦粉大さじ4以
　上）のバッター液を作る。2を浸し、パン粉をたっ
　ぷりとつける。

4 180℃に熱した油で揚げる。

まっすぐ エビを揚げるコツ

エビの腹に斜めに切り込みを
入れる。

腹を下にして両手で押さえつ
けながら左右に引っ張る。

オススメの副菜

きゅうりの
梅かつお和え
▶P98

きゅうりの
ピリ辛和え
▶P99

オクラの
梅塩こんぶ和え
▶P104

火を通しすぎないように
揚げるのがコツ

マグロのレアカツ

調理時間 **10** min.

材料（2人分）

マグロ（刺身用・柵）
　… 200g（厚みがあるもの）
小麦粉 … 適量
溶き卵 … 1個分
パン粉 … 適量（多め）
揚げ油 … 適量
わさびじょうゆ … 適量

作り方

1　マグロは水分を軽くふく。

2　1に小麦粉、卵液、小麦粉、卵液という順でつけ、パン粉をたっぷりとつける。

3　180℃に熱した油でサッと揚げる（両面各1分ずつくらいで中まで火が通りすぎないように）。

4　食べやすく切って器に盛り、わさびじょうゆを添える。

オススメの副菜

アボカドの
キムチ和え
▶ P96

れんこんの
チーズ焼き
▶ P112

なすの揚げ浸し
▶ P115

タレをしっかり絡めて
ごはんにぴったりの味わいに

ぶりの照り焼き

調理時間
15
min.

材料（2人分）
ぶり（切り身）… 2切れ
塩 … 少々
片栗粉 … 適量
【タレ】
┃ しょうゆ・砂糖・酒
┃ … 各大さじ1

作り方
1 ぶりは塩をふって少しおき、余分な水分を出して
ふき取る。

2 1に片栗粉をまぶしてサラダ油（分量外）を入れ
たフライパンでこんがりと焼く。

3 フライパンの余分な油をふき取り、混ぜ合わせ
たタレの材料を加え、焼き絡める。

オススメの副菜

じゃがいもの
明太マヨ和え
▶P109

ニラ玉炒め
▶P113

にんじんしりしり
▶P113

オススメの副菜

なすとミニトマトの
めんつゆ和え
▶P107

ほうれん草と
にんじんの白和え
▶P114

なすの揚げ浸し
▶P115

にんにくとしょうがの
風味が口に広がる

ぶりの竜田揚げ

調理時間
15
min.

※漬け込み時間は含まず

材料（2人分）

ぶり（切り身）… 3切れ

A にんにく・しょうが
　　（ともにチューブ）… 各3cm分
　　しょうゆ … 大さじ1
　　酒 … 大さじ2

片栗粉・揚げ油 … 各適量

作り方

1 ジッパーつき保存袋にぶり、**A**を入れてもみ込み、
　冷蔵庫で10 〜 15分おいて下味をつける。

2 1を取り出して水分をふき、片栗粉をまぶす。

3 フライパンに揚げ油を
　入れ、180℃に熱して
　2を揚げる。

Point

揚げるときは少量ず
つ揚げたほうが、油
の温度が下がりにく
いので、時短でサクッ
と揚がります。

鮭のうま味を楽しめる
シンプルな調理法

鮭のムニエル

材料（2人分）

生鮭（切り身）… 2切れ（大きめ）

塩 … 少々

小麦粉 … 適量

バター … 大さじ1

【タルタルソース】
| ゆで卵 … 1個
| マヨネーズ … 大さじ3
| 塩・こしょう … 各少々

パセリ（みじん切り）… 適量

作り方

1 鮭は塩をふって少しおき、水分が出たらしっかりふいて小麦粉をまぶす。

2 フライパンにバターを入れて溶かし、**1**の両面をカリッと焼いて（途中でふたをして蒸し焼きにする）、ムニエルを作る。

3 ゆで卵の殻をむき、細かく切ってボウルに入れ、マヨネーズ、塩、こしょうを加えて和え、タルタルソースを作る。

4 器に盛った**2**に**3**をかけ、パセリを散らす。

オススメの副菜

きゅうりの
梅かつお和え
▶P98

ピーマンの
塩こんぶ和え
▶P102

酢れんこん
▶P119

オススメの副菜

ちくわの
梅大葉マヨ和え
▶P103

れんこんの
チーズ焼き
▶P112

バターとポン酢で
ほどよい味のバランスに

鮭とまいたけの
バタポン焼き

調理時間
15 min.

材料（2人分）
生鮭（切り身）… 2切れ
塩 … 少々
小麦粉 … 少々
バター・ポン酢しょうゆ
　… 各大さじ1
まいたけ … 100g

作り方

1 鮭は食べやすい大きさに切り、塩をふって少しおき、水分が出たら軽くふき、小麦粉を薄くまぶす。

2 フライパンにバターを入れて溶かし、1をこんがりとするまで両面を焼く。

3 フライパンの空いているスペースに手でさいたまいたけを加えて焼く。

4 火が通ったらポン酢しょうゆを加えて焼き絡める。

大人も子どもも大満足の
定番おかず

アジフライ

 お弁当
 おつまみ
 フライパンで

調理時間
15
min.

材料（2人分）

アジ（開いてあるもの）… 2切れ
塩 … 少々
小麦粉 … 大さじ1
溶き卵 … 1個分
パン粉・揚げ油 … 各適量（多め）
ウスターソース … 適量

作り方

1 アジは塩をふって少しおき、水分が出たらふき
　取る。

2 小麦粉、卵液、パン粉の順で1につけ、180℃
　に熱した揚げ油でカラッと揚げる。

3 器に盛り、ウスターソースをかける。

> **オススメの副菜**

きゅうりの
梅かつお和え
▶P98

切干大根と
ワカメの酢の物
▶P103

酢れんこん
▶P119

おいしそうに
料理を盛る方法

おいしく見える３つのポイント

この３つのポイントを意識するだけで、
料理が見違えるほどおいしそうに見えますので、ぜひ試してみてください！！

POINT 1

なるべく５色の色味を使って、彩りを意識する

主菜は茶色になる料理が多いので、副菜や果物で彩りをつけましょう。赤、黄、緑、白色を入れることを意識して献立を考えるとおいしそうに見えます。

料理であまり彩りを出せないときは……

「彩りのためだけに食材を買うのはちょっと」という場合は、カラフルな食器や箸置きを使えば、見た目が華やかになっておいしそうに見えます。

箸置き
かわいいものを見つけたらついつい買ってしまいます。

小鉢
カラフルな小鉢で食卓を華やかに。

POINT 2

上手な器の選び方

家庭料理の場合は余白をつけない
方がおいしそうに見えると思うので、
少し小さな器（17〜20cm程度）
にたっぷり盛っています。また濃い
色の器の方が、料理を少し失敗し
てもごまかせるので、料理初心者
の方にはオススメです。

POINT 3

立体感が出るように
盛りつける

キャベツのせん切りや唐揚げなど
は高さが出るようにこんもり盛りつ
けるなど、立体感が出るように意
識するとおいしそうに見えます。

PART 3

とにかくパパッと作る！

副菜レシピ

side dish

「和えるだけ」や「電子レンジで作れる」など
用途に合わせて選べる副菜レシピです。
主菜とのバランスを考えながら、
作ってみてください。

濃厚アボカドとピリ辛キムチは
相性抜群

アボカドのキムチ和え

3
min.

材料（2人分）

アボカド … 1個
キムチ … お好みの量
A | ごま油・ポン酢しょうゆ
　　| … 各大さじ1
　　| にんにく（チューブ）… 3cm分
白炒りごま … 適量

作り方

1 アボカドはサイコロ状に切る。

2 ボウルに1、キムチ、**A**を入れて和える。

3 器に盛り、白炒りごまをふる。

長いもとアボカドに
わさびじょうゆがぴったり

長いもとアボカドの
わさびじょうゆ和え

調理時間
5
min.

材料（3～4人分）

長いも … 10cm分
アボカド … 1個
A 酢 or レモン汁 … 小さじ1
　　わさび（チューブ）… 3～4cm分
　　しょうゆ … 小さじ1～2
　　かつお節 … ひとつかみ

作り方

1　長いもは皮をむき、アボカドとともに食べやすい
　　大きさに切る。

2　ボウルに1、**A**を入れて和える。

ほどよい酸味と
きゅうりの食感が◎

調理時間
10
min.

きゅうりの梅かつお和え

材料（2人分）

きゅうり … 1本

塩 … 少々

梅干し … 1個

めんつゆ（3倍濃縮）… 大さじ1

かつお節 … ひとつかみ

作り方

1 きゅうりはポリ袋に入れてめん棒で叩き、手で割る。

2 塩をふって冷蔵庫に少しおき、余分な水分を出す。

3 ボウルに梅干しを入れ、種を取ってつぶし、めんつゆ、かつお節を加える。

4 2の水分を取り、3のボウルに加えて和える。

にんにくの風味で
コクのある味わいに

きゅうりのピリ辛和え

材料（2人分）

きゅうり … 1本

塩 … 少々

A| トウバンジャン … 小さじ1/2
| にんにく（チューブ）
| … 2〜3cm分
| ポン酢しょうゆ … 大さじ1
| 砂糖 … 小さじ1

白炒りごま … 適量

作り方

1 きゅうりは斜め薄切りにしてから細切りにする。

2 1に塩をふって少しおき、水分が出たら絞る。

3 ボウルに2、Aを入れて和え、器に盛り、白炒りごまをふる。

さっぱり楽しめる
ヘルシーな中華風サラダ

10
min.

カニかまときゅうりの
春雨サラダ

材料 作りやすい分量

春雨 15〜20g
きゅうり 1本
塩 少々
カニ風味かまぼこ 3〜4本
A 鶏ガラスープの素（顆粒）・
　ごま油・しょうゆ・酢
　　各小さじ1〜2
白炒りごま 適量

作り方

1 春雨は湯（分量外）で戻して水気を切り、食べやすい長さに切る。

2 きゅうりは細切りにし、塩をもみ込んで少しおき、水分が出たら絞る。

3 ボウルに 1 と 2 を入れ、カニ風味かまぼこをほぐして加え、A を加えて和える。器に盛り、白炒りごまをふる。

見た目も華やかで
おもてなしにもオススメ

タコとにんじんと
オリーブのマリネ

材料（2人分）

にんじん　　1/2本
塩　　少々
タコ（ゆで）　　150g
A ｜ 塩・こしょう　　各少々
　　 粒マスタード　　小さじ1
　　 オリーブ（塩漬け・薄切り）
　　 　…お好みの量
　　 調味酢・オリーブ油　　各大さじ1
パセリ（みじん切り）　　適量

作り方

1　にんじんはピーラーで薄くむいてボウルに入れ、
　 塩をふって混ぜ、余分な水分を出してふき取る。
　 タコは食べやすい大きさに切る。

2　1をボウルに入れ、**A**を加えて和える。器に盛り、
　 パセリを散らす。

ごま油の香りが
食欲を刺激してくれる

調理時間
3
min.

おつまみ

豆苗とツナの 塩こんぶナムル

材料（3〜4人分）
豆苗 … 1袋（100g）
パプリカ（赤）… 1個
ツナ缶 … 1缶（80g）
ごま油 … 大さじ1
塩こんぶ … ひとつかみ

作り方

1 豆苗とパプリカは洗って水気を切り、
　食べやすい大きさに切ってボウルに入
　れる。

2 油を切ったツナ、ごま油、塩こんぶを
　ボウルに加えてよく和える。

ピーマンの食感と
こんぶのうま味が◎

調理時間
10
min.

おつまみ

ピーマンの 塩こんぶ和え

材料（2人分）
ピーマン … 3〜4個
塩 … 少々
塩こんぶ … ひとつかみ
ごま油 … 大さじ1
しょうゆ … 小さじ1
白炒りごま … 適量

作り方

1 ピーマンは細切りにしてボウルに入れる。
　塩をもみ込んで余分な水分を出し、水
　分を取る。

2 1に塩こんぶ、ごま油、しょうゆを加
　えて和える。器に盛り、白炒りごまをふる。

梅とマヨネーズで
まろやかな酸味に

ちくわの梅大葉マヨ和え

調理時間
5 min.

材料（2人分）

ちくわ … 2～3本

梅干し（甘いものがオススメ）… 1個

大葉 … 3枚

A めんつゆ（3倍濃縮）・マヨネーズ
　… 各大さじ1

作り方

1　ちくわは食べやすい大きさに斜め切りにする。

2　梅干しは種を取って叩き、大葉は細切りにする。

3　ボウルに**1**、**2**、**A**を入れてよく和える。

ほどよい酸味で
箸休めにぴったりの味

切干大根とワカメの酢の物

調理時間
5 min.

※漬け込み時間は含まず

材料（2人分）

切干大根 … ふたつかみ

ワカメ（乾燥）… ひとつかみ

A 砂糖・しょうゆ・酢 … 各小さじ1

白炒りごま … 適量

作り方

1　切干大根とワカメは10～15分ほど水につけて戻し、しっかりと水気を絞る。

2　ボウルに**1**、**A**を入れて和え、器に盛り、白炒りごまをふる。

塩こんぶとめんつゆで
だしのうま味がたっぷり

オクラの梅塩こんぶ和え

5
min.

材料 2人分

オクラ　9本
塩　少々
梅干し（甘いものがオススメ）
　　1個
塩こんぶ　ひとつかみ
めんつゆ（3倍濃縮）　大さじ1

作り方

1 オクラは塩をふって板ずりし、産毛を取る。

2 ラップで包み、電子レンジで1分半〜2分ほど加熱し、粗熱が取れたら食べやすい大きさに切る。

3 梅干しの種を取り、包丁で叩く。

4 ボウルに 2 、 3 、塩こんぶ、めんつゆを入れて和える。

ささみを加えて
ボリュームのある副菜に

ささみとオクラとワカメの
梅かつお和え

材料 (2人分)

鶏ささみ肉 … 3本

酒 … 大さじ1

ワカメ (乾燥) … ひとつかみ

オクラ … 9本

塩 … 少々

梅干し (甘いものがオススメ) … 1個

めんつゆ (3倍濃縮) … 大さじ2

かつお節 … 10g

作り方

1 ささみは筋をフォークで押さえて抜き取る。耐熱容器に入れてフォークで穴を開け、酒をふりかけてラップをし、電子レンジで2分半加熱して冷まし、手でほぐす。

2 ワカメは水につけて戻し、よく絞る。

3 オクラは塩をふって板ずりして小口切りにする。梅干しは種を取って叩く。

4 ボウルに 1 〜 3、めんつゆ、かつお節を入れて和える。

ごまとマヨネーズで
コクのあるおかずに

ごぼうとにんじんの ごまマヨ和え

材料（2人分）

ごぼう … 1/2本

にんじん … 1/3本

A | マヨネーズ・白すりごま・
　| めんつゆ（3倍濃縮）
　| … 各大さじ1弱

作り方

1 ごぼうは細切りにして水にさらす。

2 にんじんは細切りにして水気を切った 1 とともに
耐熱容器に入れ、ラップをして電子レンジで2
分ほど加熱する。

3 2 の粗熱を取って水分をふき取り、A を加えて混
ぜる。

しょうがを加えて
さっぱりとした味つけに

なすとミニトマトの
めんつゆ和え

材料（3〜4人分）
なす … 2本
ミニトマト … 3〜4個
A めんつゆ（3倍濃縮） … 大さじ1
　　砂糖 … 小さじ1
　　しょうが（チューブ） … 3cm分
小ねぎ（小口切り） … 適量

作り方

1　なすはフォークで全体に穴を開け、ラップをして電子レンジで3分加熱し、冷ます。ミニトマトは半分に切る。

2　なすを手でさき、ミニトマトとともにボウルに入れ、**A**を加えて和える。器に盛り、小ねぎを散らす。

お好みのきのこで
作ってもOK

かぼちゃと まいたけの マヨポン和え

調理時間
8
min.

材料（2人分）

かぼちゃ（カット）　4切れ
まいたけ　100g
A｜ポン酢しょうゆ・マヨネーズ
　　　…各大さじ1

作り方

1　かぼちゃは耐熱容器に入れてラップを
　し、電子レンジで3分加熱する。

2　まいたけは手でさいて1の耐熱容器に
　加え、さらに電子レンジで1分加熱する。

3　粗熱を取って水分をふき取り、Aを加え
　て和える。

かぼちゃとマヨネーズが
相性ぴったり

かぼちゃのマヨサラダ

調理時間
15
min.

材料（2人分）

かぼちゃ　1/4個
A｜マヨネーズ　大さじ1と1/2〜2
　　コンソメスープの素（顆粒）・
　　　トマトケチャップ　各小さじ1
　　塩・こしょう　各少々

作り方

1　かぼちゃは皮を包丁で削ぎ落とす。
　※包丁はシャープナーなどでしっかり研いでおく

2　1をラップに包み、電子レンジで2分加熱する。

3　粗熱が取れたら細かく切り、耐熱容器
　に入れてラップをし、電子レンジで3
　分加熱する。

4　熱いうちにマッシャーでつぶし、Aを加
　えて和える。

にんにくをプラスして
パンチのあるソースに

調理時間
8
min.

かぼちゃと
ブロッコリーの
オーロラソース和え

材料（2人分）

かぼちゃ（冷凍・カット）… 4 〜 5切れ
ブロッコリー（冷凍・カット）… 4 〜 5個
A マヨネーズ … 大さじ1と1/2
トマトケチャップ … 小さじ1
にんにく（チューブ）… 3cm分
塩・こしょう … 各少々

作り方

1 かぼちゃとブロッコリーは電子レンジで
解凍し、粗熱を取って水気を取る。

2 ボウルに**A**を入れて混ぜ合わせ、1を加
えて混ぜ、塩、こしょうで味を調える。

明太マヨがじゃがいもの
甘味を引き立てる

調理時間
15
min.

じゃがいもの
明太マヨ和え

材料（2人分）

じゃがいも … 2個
A 辛子明太子 … 1/2腹
マヨネーズ … 大さじ2

作り方

1 じゃがいもは皮や芽を取り、小さめに
切る。

2 耐熱ボウルに1を入れてラップをし、
電子レンジで4 〜 5分加熱し、水気を
しっかり切る。

3 2に混ぜ合わせた**A**を加えて和える。

ベーコンの食感とうま味で
大満足の味わい

おつまみ

調理時間
8
min.

かぼちゃとベーコンの
コンソメマヨ炒め

材料（2人分）

かぼちゃ（冷凍・カット）… 5切れ

ベーコン（薄切り）… 4〜5枚

A ┌ マヨネーズ … 大さじ1

　　├ コンソメスープの素（顆粒）

　　└ … 小さじ1

作り方

1 かぼちゃは電子レンジで解凍し、水気を取る。

2 フライパンに細切りにしたベーコンを入れてカリカリに焼く。

3 2に1、**A**を加えて軽く炒める。

わさびを使った
和風の特製ドレッシングが◎

れんこんと水菜と
赤ピーマンのサラダ

調理時間
8
min.

材 料 (2人分)

れんこん … 10cm分
水菜 … 100g
赤ピーマン … 1個
【ドレッシング】
　マヨネーズ・めんつゆ (3倍濃縮)
　　… 各大さじ1と1/2
　わさび (チューブ)
　　… 3～4cm分
　かつお節 … ひとつかみ

作 り 方

1　れんこんは皮をむいて薄切りにし、変色を防止
　するために酢水 (分量外) につける。

2　鍋に水 (分量外) を入れて火にかけ、沸騰したら
　1を入れてサッとゆでてザルに上げる。

3　水菜と赤ピーマンは食べやすい大きさに切る。

4　2、3をボウルに入れ、混ぜ合わせたドレッシン
　グの材料を加えて和える。

PART 3

とにかくパパッと作る! 副菜レシピ

春雨やしいたけに
しっかり味をしみ込ませて

にんじんと
しいたけと
春雨のピリ辛炒め

調理時間 **10** min.

材料（2人分）		A	トウバンジャン
春雨（乾燥）			…小さじ1
…20g			にんにく（チューブ）
ごま油			…3cm分
…大さじ1/2			砂糖　大さじ1/2
豚ひき肉　150g			ポン酢しょうゆ・酒
にんじん　1/2本			…各大さじ1強
しいたけ　2個		白炒りごま　適量

作り方

1 春雨は耐熱容器に入れて湯（分量外）で
戻し、水気を切る。

2 フライパンにごま油を入れてひき肉を
炒める。

3 ひき肉の色が変わったら、細切りにし
たにんじん、しいたけを加えて炒め、
食材に火が通ったら1を加える。

4 Aを加えて汁気がなくなるまで炒める。
器に盛り、白炒りごまをふる。

チーズの量は
お好みでもOK

調理時間 **8** min.

れんこんの
チーズ焼き

材料（2人分）

れんこん　　10cm分
オリーブ油　大さじ1
溶けるチーズ　ふたつかみ
塩・こしょう　各少々

作り方

1 れんこんは皮をむいて薄切りにし、水
にさらしてアクを取る。

2 フライパンにオリーブ油を入れ、水気
を切った1を焼く。

3 火が通ったら溶けるチーズをかけ、カ
リッとするまで焼き、塩、こしょうをふる。

マヨネーズと
オイスターソースで絶品

ニラ玉炒め

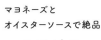

調理時間
5
min.

材料（2人分）

ニラ … 1/2束
サラダ油 … 大さじ1
卵 … 3個
マヨネーズ … 小さじ1
オイスターソース … 大さじ1
白炒りごま … 適量

作り方

1 ニラは食べやすい長さに切る。フライパンにサラダ油を入れて熱する。

2 ボウルに卵を割り入れ、マヨネーズを加えて溶き、1のフライパンに入れる。

3 2を半熟状のスクランブルエッグにしてニラ、オイスターソースを加えてサッと炒める。器に盛り、白炒りごまをふる。

にんじんの甘味を
楽しめるおかず

にんじんしりしり

調理時間
8
min.

材料（4人分）

にんじん … 1本
ごま油 … 大さじ1　　めんつゆ（3倍濃縮）
ツナ缶 … 1缶（80g）　　大さじ1
卵 … 2個　　白炒りごま … 適量

作り方

1 にんじんは皮をむいて細切りにする。

2 フライパンにごま油を入れて1を炒める。

3 油を切ったツナ、めんつゆを加えて水分を飛ばすように炒める。

4 ボウルに卵を割り入れて溶き、フライパンの空いたところに入れ、スクランブルエッグにして全体を混ぜ、器に盛り、白炒りごまをふる。

それぞれの食材の
水気を取るのがおいしさのコツ

ほうれん草と
にんじんの白和え

10 min.

材料（2人分）
木綿豆腐 … 1丁
にんじん … 1/4本
ほうれん草 … 1束
A しょうゆ・白すりごま・
 砂糖 … 各大さじ1

作り方

1 豆腐はキッチンペーパーで包み、水気
 を取る。にんじんは細切りにし、ほう
 れん草とともにゆでる。

2 ボウルに豆腐、**A**を入れて豆腐をつぶ
 しながら混ぜる。

3 にんじんの水気を切り、ほうれん草は
 食べやすい大きさに切って水気を絞る。

4 **2**に**3**を加えて和える。

ひき肉に味をしみ込ませて
作るのがポイント

8 min.

ピーマンそぼろ

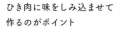

材料（2人分）
ピーマン … 4個
ごま油 … 小さじ1
豚ひき肉 … 100g
A 酒・しょうゆ・みりん … 各大さじ1

作り方

1 ピーマンは縦半分に切ってワタを取り、
 細切りにする。

2 フライパンにごま油を入れ、ひき肉を
 炒める。

3 ひき肉の色が変わったら**1**を加えて軽
 く炒め、**A**を加えて水気を飛ばすように
 炒める。

しょうがの風味をきかせて
ほどよくさっぱりと

なすの揚げ浸し

調理時間
10
min.

材料（2人分）

なす … 3個
揚げ油 … 適量（多め）
A めんつゆ（3倍濃縮）… 100ml
　 水 … 50ml
　 しょうが（チューブ）… 3cm分
かつお節・小ねぎ（小口切り）… 各適量

作り方

1 なすは洗って水気をしっかり取り、食べやすい大きさに切って皮に格子状に切り込みを入れる。

2 フライパンに揚げ油を入れて1を皮目から揚げ焼きにする。

3 バットに**A**を入れて混ぜ、2を熱いうちに浸す。器に盛り、かつお節をふり、小ねぎを散らす。

粉チーズのコクを
プラスして満足の味に

ズッキーニのピカタ

調理時間
10
min.

材料（2人分）

ズッキーニ … 1本
塩 … 少々
卵 … 1個
コンソメスープの素（顆粒）・
　 粉チーズ … 各小さじ1
小麦粉
　 … 大さじ3
サラダ油
　 … 大さじ1

作り方

1 ズッキーニは薄く輪切りにして軽く塩をふり、余分な水分をしっかりふき取る。

2 ボウルに卵、コンソメスープの素、粉チーズを入れて混ぜる。

3 1に小麦粉、2の順につけてサラダ油を入れたフライパンで両面をこんがりと焼く。

ごはんにぴったり合う
定番のおかず

15
min.

牛肉とごぼうのしぐれ煮

材料（2人分）

ごぼう … 1/2本
サラダ油 … 少量
牛こま切れ肉 … 250g
A｜砂糖・しょうゆ・酒
　　… 各大さじ1
しょうが（せん切り）… 適量

作り方

1 ごぼうは薄く斜め切りにし、水にさらして水気を切る。

2 フライパンにサラダ油を入れ、1、牛肉を炒め、肉の色が変わったらAを加え、汁気が少なくなるまで炒める。

3 器に盛り、しょうがをのせる。

食材のうま味が
たっぷり入ったおかず

ラタトゥイユ

材料（2人分）

玉ねぎ … 1/2個
にんにく … 1片
なす … 1本
ズッキーニ … 1/2本
オリーブ油 … 大さじ1
A トマト缶 … 1缶（400g）
　 コンソメスープの素（顆粒）・
　 砂糖 … 各小さじ2
塩・こしょう … 各少々

作り方

1. 玉ねぎ、にんにくはみじん切りにする。なす、ズッキーニは食べやすい大きさに切る。

2. 鍋にオリーブ油を入れてにんにくを炒め、香りが出たら玉ねぎ、なす、ズッキーニを加えて軽く炒める。

3. **A**を加えて10分ほどふたをして（少しすき間を空ける）煮込み、汁気がなくなったら塩、こしょうで味を調える。

Point

冷蔵庫で少しおいておくと、味がなじんでさらにおいしくなります。

バターじょうゆが
いもの甘味を引き立てる

調理時間
12 min.

さつまいもの
きんぴら

材料（3〜4人分）

さつまいも … 2本
バター … 大さじ1
A しょうゆ・砂糖・酒 … 各大さじ1
黒炒りごま … 適量

作り方

1 さつまいもはよく洗って細切りにしてボウルに入れ、水（分量外）にさらしてアクを抜く。

2 フライパンにバターを入れて溶かし、水気を切った**1**を入れて炒める。

3 火が通ったら**A**を加えて汁気がなくなるまで炒める。器に盛り、黒炒りごまをふる。

マヨネーズを使って
まろやかな味わいに

調理時間
12 min.

紫キャベツの
コールスロー

材料（4人分）

紫キャベツ … 1/4個
A 塩 … 少々
　砂糖・酢 … 各大さじ1
マヨネーズ … 大さじ2
ドライパセリ … 適量

作り方

1 紫キャベツはせん切りにしてボウルに入れ、**A**を加えて和え、10分ほどおく。

2 **1**の水気をよく絞り、マヨネーズを加えて和える。器に盛り、パセリを散らす。

ほどよい酸味と食感で
箸休めになるおかず

酢れんこん

調理時間 **15** min.

お弁当 おつまみ

材料（3〜4人分）

れんこん … 10cm分
酢（ゆでる用）… 少々
A 酢 … 大さじ3
　　砂糖 … 大さじ2
　　和風だしの素（顆粒）… 小さじ1
　　赤唐辛子（輪切り）… 少々

作り方

1 れんこんは皮をむいて薄切りにし、酢を入れた湯でゆでて水気を切る。

2 混ぜ合わせた**A**をバットに入れ、**1**を漬けて冷蔵庫に入れ、味をなじませる。

コンソメ味で
やみつきになるおいしさ

コンソメフライドポテト

調理時間 **15** min.

お弁当 おつまみ

材料（2〜3人分）

じゃがいも … 2個
片栗粉 … 大さじ1〜2
揚げ油 … 適量（多め）
コンソメスープの素（顆粒）… 小さじ1〜2

作り方

1 じゃがいもは洗って皮をむき、食べやすい大きさに切って水（分量外）にさらす。
※新じゃがの場合は皮つきのまま使用してください

2 じゃがいもの水分をふき取り、片栗粉をまぶして多めの油でじっくりと揚げ焼きにする。

3 こんがりと焼けたら大きめのボウルに取り出し、コンソメスープの素をまぶす。

汁物を
作るときのルール

みそ汁の作り方

これさえ知っておけばいろいろ作れて
どんな料理とも相性ぴったり！

材料（2人分）
オクラ … 9本
水 … 400ml
和風だしの素（顆粒）… 小さじ2
麩 … ひとつかみ
みそ … 大さじ1

作り方
1 オクラは塩（分量外）をふって板ずりし、
   薄めの小口切りにする。

2 鍋に水、和風だしの素、麩、**1**を入れ
   て火にかける。

3 具材に火が通ったら火を止め、みそを
   溶かし入れる。

簡単にみそ汁を作る方法
忙しい朝やコンロがふさがってい
るときに作れる方法です。

1
すべての材
料を器に入
れる。

2
湯を注いで
よく混ぜて
完成。

みそ汁を作るときの3ルール

みそ汁はメイン料理が和風のときやこってりした味（唐揚げなど）のときなど、
料理との味の相性や量とのバランスを考えて作るようにしています。

RULE 1

ボリュームのある根菜や
食べごたえのある油揚げを使う！

【オススメの具材】
* じゃがいもと玉ねぎ
* さつまいもときのこ類
* 油揚げと玉ねぎ、長ねぎ、ワカメなど

RULE 2

大根や豆腐など
カロリーが少ない食材を使う！

【オススメの具材】
* オクラと豆腐
* 大根、かぶなど

困った…

食費を
もっと節約
したい！

RULE 3

長期保存できる
乾物を使う！

【オススメの具材】
* ワカメ、麩など

中華スープの作り方

材料（2人分）
水 … 400ml
中華風だしの素 … 大さじ1
ワカメ（乾燥）… ひとつかみ
卵 … 1個
白炒りごま … 適量

作り方

1 鍋に水、中華風だしの素を入れて火にかける。

2 ワカメを加える。

3 ボウルに卵を溶き、沸騰した2に流し入れる。
器に盛り、白炒りごまをふる。
※鍋が沸騰する前に卵液を入れるとスープが白濁するので注意してください

どんな食材にも合う中華スープは
用途に応じて作れるので便利！

中華スープを作るときの3ルール

中華スープはメイン料理が中華風のときやさっぱりした味（冷しゃぶサラダなど）のとき、
食材の用途などによって考えて作るようにしています。

RULE 1

メインがさっぱりした料理の
ときはうま味の出る具材を使う

【オススメの具材】
＊ カニ風味かまぼこと卵
＊ ちくわとワカメ
＊ しいたけとワカメ
＊ えのきだけと豆苗など

RULE 2

冷蔵庫に余りがちな野菜を
具材に使う

【オススメの具材】
＊ 白菜、キャベツ、ニラと卵など

RULE 3

包丁を使わなくても作れる
具材を使う

【オススメの具材】
＊ キムチと卵など

洋風のメイン料理のときは、コンソメベースの野菜スープや
ミネストローネ、ポタージュなどを作ります。

具だくさんでお腹も満たせる

ミネストローネ

材料（3人分）
にんじん … 1/3本
玉ねぎ … 1/2個
キャベツ … 3枚
ソーセージ … 1袋（127g）
オリーブ油 … 大さじ1
にんにく … 1片
A 砂糖 … 小さじ1
　コンソメスープの素
　　（顆粒）… 小さじ2
　水 … 300〜400ml
トマト缶 … 1/2缶（200g）
ドライパセリ … 適量

作り方
1 にんじん、玉ねぎは1cm角に切り、キャベツ、ソーセージは食べやすい大きさに切る。

2 フライパンにオリーブ油、みじん切りにしたにんにくを入れて炒め、1を加える。

3 混ぜ合わせたAを加えて煮込み、野菜がやわらかくなったらトマトを加え、10〜15分ほど煮込む。器に盛り、パセリを散らす。

調理時間 **15** min.

あめ色玉ねぎのスープ

材料（2人分）
玉ねぎ … 1個
バター … 大さじ1
水 … 350ml

コンソメスープの素（顆粒）
　… 小さじ1と1/2〜2
塩・こしょう … 各少々
ドライパセリ … 適量

作り方
1 玉ねぎは薄切りにする。

2 鍋にバターを入れて溶かし、1を入れ、弱火でじっくりとあめ色になるまで炒める（15分くらい）。

3 水、コンソメスープの素を加え、アクが出たら取り、塩、こしょうで味を調える。器に盛り、パセリを散らす。

玉ねぎの甘味を存分に楽しめる

調理時間 **20** min.

にんじんのポタージュ

食材のうま味を引き出したスープ

材料（2人分）
にんじん … 1本
玉ねぎ … 1/2個
バター … 大さじ1
水 … 150ml

コンソメスープの素（顆粒）
　… 小さじ1と1/2〜2
牛乳 … 300ml
塩・こしょう … 各少々

作り方
1 にんじん、玉ねぎは薄切りにする。

2 鍋にバターを入れて溶かし、1を入れて軽く炒める。水、コンソメスープの素を加えてふた（すき間を空ける）をして煮込む。

3 にんじん、玉ねぎがやわらかくなったらブレンダーでしっかりとすりつぶす。

4 牛乳を加えて混ぜ、塩、こしょうで味を調える。

調理時間 **15** min.

PART 4

時短で作れるボリュームごはん!

ごはんとパスタ
のレシピ

rice & pasta

一汁三菜を作る時間がないときに役立つ、
ごはんとパスタの料理です。
ボリュームもたっぷりなので、
お腹も満足できるレシピばかりです。

野菜もたっぷり食べられる
ヘルシーな丼

ビビンバ丼

調理時間
20
min.

材 料（2〜3人分）

牛こま切れ肉
　… 250g
焼肉のタレ
　… 大さじ2〜3
ごま油 … 大さじ1
もやし … 1袋
A にんにく（チューブ）
　　　… 3cm分
　　　鶏ガラスープの素
　　　（顆粒）… 小さじ1
　　　しょうゆ・ごま油
　　　… 各大さじ1
にんじん … 1/2本
塩 … 少々
ほうれん草 … 1/2束
ごはん … 適量
キムチ … お好みの量
ゆで卵 … 1個
コチュジャン
　… 大さじ1
白炒りごま
　… 小さじ1

作り方

1 ジッパーつき保存袋に牛肉、焼肉のタレを入れてもみ込み、冷蔵庫で少しおく。

2 フライパンにごま油を入れ、1をこんがりと焼く。

3 もやしは洗って耐熱容器に入れ、ラップをして電子レンジで3分加熱し、粗熱を取る。

4 3に**A**を加えてもやしのナムルを作る。

5 にんじんは皮をむいてスライサーで細切りにし、塩をふって少しおき、水分が出たらしっかり取る。

6 ほうれん草はゆで、やわらかくなったら冷水につけて冷ます。食べやすい大きさに切って水気をしっかり絞る。

7 器にごはんを盛り、2、4、5、6、キムチを盛り、最後にゆで卵（もしくは卵黄）、コチュジャンをのせ、白炒りごまをふる。

材料（2人分）

にんじん … 1/3個

玉ねぎ … 1/2個

にんにく … 1片

ピーマン … 2個

サラダ油 … 小さじ1

合いびき肉 … 250g

A カレールー … 1片半

トマトケチャップ・

　ウスターソース・砂糖

　… 各小さじ1

酒 … 大さじ1

水 … 50ml

塩・こしょう・ごはん

　… 各適量

目玉焼き … 2個

作り方

1 にんじん、玉ねぎ、にんにく、ピーマンはみじん切りにする。にんじん、玉ねぎは耐熱容器に入れ、ラップをして電子レンジで2分加熱する。

2 フライパンにサラダ油、にんにくを入れて炒める。

3 ひき肉を加えて肉の色が変わるまで炒め、ピーマン以外の1を加えて炒める。

4 3にピーマン、**A**を加え、水分を飛ばすように炒める。

5 水分が少なくなったら塩、こしょうで味を調える。

6 ごはんとともに器に盛り、目玉焼きをのせる。

Point

ピーマンは熱を入れすぎると色が悪くなるので、後で加えるようにしましょう。

コクのある味わいで
ごはんが止まらない

キーマ
カレー

調理時間
15
min.

スパイシーな味が
食べたいときにオススメ

タコライス

調理時間
15
min.

材料（2人分）

玉ねぎ … 1/2個
合いびき肉 … 250g
【タコミート】
　タコソース（ミディアム）… 1/2瓶（120g）
　にんにく（チューブ）… 3〜4cm分
　トマトケチャップ・中濃ソース・酒・
　ウスターソース … 各大さじ1
塩・こしょう … 各少々
ごはん … 適量
【トッピング】
　レタス（ちぎる）・ミニトマト（半分に切る）・
　タコスチップス・溶けるチーズ … 各適量

作り方

1 玉ねぎはみじん切りにする。

2 フライパンにサラダ油（分量外）を入れ、
　ひき肉と1を炒める。

3 火が通ったらタコミートの材料を加え、
　汁気がなくなるまで炒める。

4 塩、こしょうで味を調えてごはんを盛っ
　た器にかけ、トッピングの材料をのせる。

材料（2人分）

にんにく … 4片
玉ねぎ … 1/4個
牛ステーキ肉 … 2枚
塩・こしょう … 各少々
バター・しょうゆ … 各大さじ1
ごはん … 適量
ホールコーン缶 … 大さじ2
パセリ（みじん切り）… 適量

作り方

1 にんにく2片と玉ねぎはみじん切りにし、残りのにんにくは薄切りにする。牛肉は筋切りをし、包丁の裏で叩いて塩、こしょうをふる。

2 フライパンにバターを入れて溶かし、みじん切りにしたにんにくを炒め、香りが出たら玉ねぎを加えて炒める。

3 ごはんとコーンを加え、パラパラになるように炒め、最後にしょうゆを回し入れる。

4 別のフライパンにサラダ油（分量外）を多めに入れ、薄切りにしたにんにくを入れて揚げ焼きにし、こんがりしたら取り出す。牛肉を加え、お好みの焼き加減になるまで焼く。

5 器に3を盛り、食べやすく切った牛肉、揚げ焼きにしたにんにくをのせ、パセリを散らす。

にんにくをきかせた
大満足のボリュームごはん

ステーキ＆ガーリックライス

調理時間
20
min.

バジルの風味が
さわやかなアクセントに

ガパオライス

調理時間
20
min.

材料（2〜3人分）
鶏ももひき肉 … 250g
玉ねぎ … 1/2個
パプリカ（赤）… 1個
A ナンプラー・オイスターソース・
　　砂糖・酒 … 各大さじ1
バジル（乾燥）… お好みの量
ごはん・揚げ焼きにした目玉焼き・
　パクチー … 各適量

作り方
1 フライパンにサラダ油（分量外）を入れ、ひき肉
　を焼く。

2 玉ねぎはみじん切りにして1のフライパンの空い
　たスペースで炒める。

3 薄切りにしたパプリカ、**A**を加えて汁気がなくな
　るまで炒める。

4 最後にバジルを入れてサッと炒める。

5 4をごはんとともに器に盛り、お好みで揚げ焼
　きにした目玉焼きとパクチーをのせる。

材料（2人分）

【ポキのタレ】

コチュジャン・砂糖・ごま油
… 各大さじ1

しょうゆ … 大さじ1弱

にんにく（チューブ） … 5cm分

アボカド … 1個

サーモン（刺身用） … 1柵

ごはん・白炒りごま … 各適量

卵黄 … 2個分

作り方

1 ポキのタレの材料はボウルに入れて混ぜる。

2 アボカドとサーモンはサイコロ状に切る。

3 1に2を入れて絡める。

4 器にごはんを盛り、3と卵黄をのせ、白炒りごま
をふる。

コクのあるタレの味に
サーモンがぴったり

アボカドと
サーモンの
ポキ丼

調理時間
10
min.

バターのコクをプラスして
うま味がたっぷり

ビーフ
ストロガノフ

調理時間
25
min.

材料（4人分）

バター … 大さじ1
玉ねぎ … 1個
牛こま切れ肉
　… 250g
A｜塩・こしょう
　　… 各少々
　｜酒 … 大さじ1
　｜にんにく・しょうが
　　（ともにチューブ）
　　… 各3cm分
小麦粉 … 適量
マッシュルーム
　… 100g

B｜水 … 200ml弱
　｜デミグラスソース缶
　　… 1缶（290g）
　｜トマト缶
　　… 1/2缶（200g）
　｜酒・しょうゆ・
　　トマトケチャップ
　　… 各大さじ1
　｜砂糖 … 大さじ1/2
生クリーム … 100ml
ごはん・ドライパセリ
　… 各適量

作り方

1 フライパンにバターを入れて溶かし、薄切りにした玉ねぎを炒める。

2 ポリ袋に牛肉、**A**を入れてもみ込んで味をなじませ、小麦粉をまぶして**1**のフライパンで焼く。

3 マッシュルームは汚れを軽くふき、大きめに切って**2**のフライパンに加える。

4 **B**を加えて煮詰め、アクが出たら取る。

5 ほどよくとろみがついたら火を止め、生クリームを加えて混ぜる。ごはんとともに器に盛り、パセリを散らす。

材料（2人分）

鶏むね肉 … 1枚（大きめ）

A 酒 … 大さじ1
　　マヨネーズ … 大さじ1

片栗粉 … 適量

B 酒・しょうゆ・オイスターソース
　　　　… 各大さじ1
　　砂糖 … 小さじ1

ごはん … 適量

春菊 … 1/2束

卵黄 … 2個分

白炒りごま … 少々

作り方

1 鶏肉はひと口大に切ってボウルに入れ、**A**を加えてもみ込む。

2 **1**に薄く片栗粉をまぶしてサラダ油（分量外）を入れたフライパンで両面をこんがりと焼き、混ぜ合わせた**B**を加えて絡める。

3 器にごはんを盛り、食べやすく切った春菊、**2**、卵黄をのせ、白炒りごまをふる。

酒とマヨネーズがむね肉を
やわらかくしてくれる

鶏むね肉と
春菊の
オイマヨ丼

調理時間
10
min.

マグロにしっかり
味をしみ込ませて作る

マグロの漬け丼

調理時間
15
min.

※漬け込み時間は含まず

材料（2人分）

マグロ（切り落とし）… 150g
しょうゆ・みりん … 各大さじ3
ごはん … 適量
刻みのり・白炒りごま … 各適量
卵黄 … 2個分
かいわれ菜（根元を切る）… 適量

作り方

1 マグロはしょうゆ、みりんを混ぜたタレに20分
ほど漬ける。

2 器にごはんを盛り、のりを散らして1をのせ、白
炒りごまを散らし、卵黄をのせ、かいわれ菜を
添える。

パパッと作れて
味つけも簡単なお手軽丼

ねぎトロ丼

材料〔2人分〕

マグロ (切り落とし) … 150g

マヨネーズ … 小さじ1

白だし … 大さじ1

ごはん・刻みのり・大葉・
　白炒りごま・小ねぎ (小口切り)
　… 各適量

作り方

1 マグロは細かく切って叩く。

2 ボウルに1、マヨネーズ、白だしを入れてよく混
　ぜる。

3 器にごはんを盛り、のりを散らして大葉、2をの
　せる。白炒りごま、小ねぎを散らす。

赤ワインを加えて
大人味のパスタに

ボロネーゼ

調理時間 20 min.

※パスタの
ゆで時間は含まず

材料（2人分）

玉ねぎ … 1/2個
にんじん … 1/4本
にんにく … 1片
オリーブ油 … 少々
合いびき肉 … 250g
赤ワイン
　… 50〜100ml
A トマト缶
　　… 1缶（400g）
　砂糖・コンソメ
　　スープの素（顆粒）
　　… 各小さじ2
　ナツメグ
　　… 少々（あれば）
　ローリエ
　　… 1枚（あれば）
塩・こしょう … 各少々
バター … 1片
パスタ・粉チーズ・
　ドライパセリ
　… 各適量

作り方

1 玉ねぎ、にんじんは小さめのみじん切りにして耐熱容器に入れ、電子レンジで1分半ほど加熱する。

2 フライパンにオリーブ油を入れ、みじん切りにしたにんにくを炒める。

3 ひき肉を加えてこんがりと焼き目がつくまで焼く（うま味を閉じ込めるため混ぜない）。

4 1を加え、赤ワインを注いで沸騰させ、**A**を加えてふたをせずに煮込む。

5 好みの水分量になったら火を止め、塩、こしょうで味を調え、バターを加えて溶かす。

6 袋の表示時間通りにゆでて水気を切ったパスタを器に盛り、5をのせ、粉チーズ、パセリを散らす。

Point

ひと晩おくとトマトの酸味がまろやかになってさらにおいしく楽しめます！

材料 (2人分)

ベーコン (ブロックまたは厚切り)
　… 70g
なす … 2個
オリーブ油 … 大さじ1～2
にんにく … 1片

A｜トマト缶 … 1缶 (400g)
　｜酒 … 大さじ1
　｜コンソメスープの素 (顆粒)
　｜　… 小さじ2
　｜砂糖 … 小さじ1

パスタ・イタリアンパセリ
　… 各適量

作り方

1　ベーコンは食べやすい大きさに切り、なすは1cm
　　幅の輪切りにする。

2　フライパンにオリーブ油を入れ、みじん切りにし
　　たにんにくを炒め、1を加えてこんがりと焼く。

3　Aを加えて汁気がなくなるまで煮詰め、袋の表
　　示時間通りにゆでて水気を切ったパスタを加え、
　　味を絡める。

4　器に盛り、イタリアンパセリを散らす。

ベーコンのうま味を
引き出して作るのがコツ

ベーコンと
なすの
トマトパスタ

調理時間
15
min.

※パスタの
ゆで時間は含まず

卵黄をたっぷり使って
まろやかな味わいに

カルボナーラ

Point

卵がダマにならないように工程5は火を止めた状態で絡めましょう。残った白身は翌朝のオムレツにして食べるのもオススメです。

材料（2人分）

にんにく … 1片

オリーブ油 … 大さじ1〜2

ベーコン（ブロックまたは厚切り）
　　… 70g

マッシュルーム … 100g

塩・粗びき黒こしょう … 各適量

A｜卵黄 … 3個分
　｜粉チーズ … 大さじ1
　｜コンソメスープの素（顆粒）
　｜　　… 小さじ1〜2
　｜生クリーム … 大さじ2

パスタ … 適量

作り方

1 にんにくはつぶしてオリーブ油を入れたフライパンで炒め、香りが出たら取り出す。

2 食べやすい大きさに切ったベーコン、薄切りにしたマッシュルームを1のフライパンに入れ、塩、黒こしょうをふって炒め、火を止める。

3 ボウルにAを入れ、泡立て器で軽く混ぜる。

4 パスタは袋の表示時間通りにゆでて水気を切り、2のフライパンに加える。

5 3をフライパンに加えて絡め、塩、黒こしょうで味を調える。

しっかりコクのある味わいでも
後味はさっぱりと

アボカドの
にんにくマヨポンパスタ

調理時間
10
min.

※パスタの
ゆで時間は含まず

材料（2人分）

パスタ … 適量

アボカド … 1個（大きめ）

A ┃ ポン酢しょうゆ … 大さじ1
┃ マヨネーズ … 大さじ2弱
┃ にんにく（チューブ）… 3cm分

かつお節 … 適量

作り方

1 パスタは袋の表示時間通りにゆでて水気を切る。

2 アボカドは半分に切って種を取り、ボウルに入れてフォークなどでつぶし、**A**を加えて混ぜる。

3 **1**を**2**に加えて和え、器に盛り、かつお節を散らす。

【卵・大豆製品】

mariko［まりこ］

料理嫌いでも絶対に料理は上達する！をモットーに、共働きでもラクして作れる和食中心のおうちごはんを発信。元は料理が苦手だったが、SNSに料理写真を投稿していくうちに料理が上達。YouTubeやInstagram、ブログにてレシピや調理のコツなどを配信中。ブログ「共働きの食卓キロク｜和食中心の夕食レシピ」の閲覧数は134万PVにのぼる。2021年2月現在、Instagramのフォロワー数は16.3万人。

Blog　　　　　https://israbonita.com
Instagram　　@israbonita
Twitter　　　@israbonita_
YouTube　　 @mariko(israbonita)

デザイン・DTP　　　　棟保雅子
編集　　　　　　　　　株式会社A.I
撮影　　　　　　　　　奥村暢欣
スタイリング・調理補助　木村 遥
アシスタント　　　　　福田みなみ、sue
校正・校閲　　　　　　株式会社ぷれす

忙しくても30分で一汁三菜ごはん

著　者　mariko
発行者　池田士文
印刷所　大日本印刷株式会社
製本所　大日本印刷株式会社
発行所　株式会社池田書店
　　　　〒162-0851　東京都新宿区弁天町43番地
　　　　電話03-3267-6821(代)／振替00120-9-60072